# 情報分析と
# 課題解決の技法

北門達男・稲浦 綾 著

大学教育出版

## はじめに

　本書で扱っている情報分析は数値データを扱うデータ分析と対をなすものであり、文字情報の分析を行うものである。また、課題解決技法は基本的なものと筆者らが仕事や研究を進めていく上で有効活用できると確信したものを集めた。

　本書には大学生やビジネスマンが将来にわたって仕事や私生活で活用できる内容が豊富に含まれている。　例えば、図解技法やブレーンストーミング、マインドマップを活用できるようになるだけでも知的生産性が大幅に向上できるだろう。

　情報の分析や創造性の開発というテーマを追い続けていると、記憶・潜在意識・アイデア発想という脳科学や認知心理学的な範囲まで研究分野が広がっていき、記憶が情報の分析やアイデア発想と密接な関係にあることがわかる。そこで、第1章に「脳のしくみを知ろう」というテーマを追加した。

　情報分析力や課題解決（アイデア発想）力は、手順や技法を修得すれば誰でも伸ばすことのできるものである。読者が本書で紹介されている内容のいくつかを修得し、知的生産活動に役立てていただければ幸いである。

　執筆の分担は、第5～7章、第10～12章を稲浦が担当し、それ以外の章と付録を北門が担当した。

　最後に、本書の企画から校正に至るまで迅速に対応していただき、短期間での出版にご尽力いただいた大学教育出版の佐藤守氏、安田愛さんに心より感謝致します。

2012年夏

執筆者一同

情報分析と課題解決の技法

目　次

はじめに　i

## 第1章　脳のしくみを知ろう……………………………1
1．記憶のしくみ　1
2．年齢と記憶の変化　4
3．左脳と右脳の役割分担　5
4．「わかる」「覚える」「慣れる」　5
5．脳のしくみを理解して上級者になるには　6
6．アイデアはいつ出るのか　7

## 第2章　図解技法の基礎………………………………8
1．図解技法の基礎1　図読　8
2．図解技法の基礎2　○の使い方（○で表す関係）　10
3．図解技法の基礎3　→の使い方　11
4．例題　「学問のすすめ　初編」の図解　14

## 第3章　80対20の法則………………………………17
1．80対20の法則とは何か　17
2．80対20の法則が当てはまる例　19
3．20対60対20の法則　21
4．ロングテールの法則　22

## 第4章　マトリックス・フレームワーク思考…………23
1．マトリックス・フレームワーク思考とは　23
2．マトリックス・フレームワーク思考の例　24
3．新たな課題をマトリックスで整理するには　26

## 第5章　問題とは……31
1．問題の定義　31
2．問題の意識化と発見　33
3．外化整理法による問題発見　34

## 第6章　問題解決の基本ステップ……36
1．問題解決の5つのステージ　36
2．発想の重要性　37
3．発散思考と収束思考　39
4．発散技法と収束技法　41

## 第7章　ブレーンストーミング……44
1．発散技法の母"ブレーンストーミング"とは　44
2．ルールと進め方　44
3．カードBS法　48
4．BSの例　48

## 第8章　オズボーンのチェックリスト法……50
1．チェックリスト法とは　50
2．オズボーンの9チェックリスト　50
3．実社会の例　52

## 第9章　NM法……55
1．NM法とは　55
2．人脳コンピュータ　55
3．NM法の進め方　58
4．NM法の例　59

## 第10章　親和図法 ……………………………………………………60
1．親和図法とは　60
2．親和図法の進め方　60
3．親和図法の例　61

## 第11章　特性要因図 …………………………………………………63
1．特性要因図法とは　63
2．特性要因図の作成手順　64
3．特性要因図の例　65

## 第12章　ストーリー法 ………………………………………………66
1．ストーリー法とは　66
2．ストーリー法の進め方　67
3．ストーリー法の例　68

## 第13章　3の思考法 …………………………………………………70
1．3は思考のマジックナンバー　70
2．3つに分けてみる（Threeの発想）の例　71
3．3つを集めてみる（Trioの発想）の例　73
4．3つめを探してみる（Thirdの発想）の例　74
5．三分割法の紹介　76

## 第14章　マンダラート ………………………………………………78
1．マンダラの特徴　78
2．マンダラートとは何か　82
3．マンダラートの使い方　82
4．マンダラートの例　84

**コーヒーブレイク：**
**レポートや論文作成に役立つパーソナルクラウド**……………86

## 第15章 マインドマップ……………………91
1．マインドマップの成り立ち　91
2．マインドマップの描き方：「12のルール」　92
3．マインドマップのソフト　94
4．マインドマップ作成時のポイント　95
5．マインドマップの使い方　96
6．マインドマップの例　98

## 付録1　仕事の進め方マンダラート……………100
1．自己啓発　100
2．情報の理解　101
3．報告書　102
4．仕事のしくみ　103
5．対外折衝　104
6．リスクマネージメント　105
7．トラブル・シューティング　106
8．企画　108
9．その他　109

## 付録2　外国語上達法 ……………………………………… 110
1．語彙 ── 覚えるべき1,000の単語とは？　110
2．辞書　110
3．よい学習書とは　111
4．文法書　111
5．良い先生　112
6．会話 ── あやまちは人の常、と覚悟して　112
7．文化と歴史を知ること　112
8．自分のレベルにあった学習の継続　112

## 付録3　記憶の工夫 …………………………………………… 113
1．継続的に接する　113
2．メモ名人と復習名人　113
3．強い憧れを持つ　114
4．80対20の法則を活用する　114
5．記憶のキーを準備しておく　114
6．情報を分類し、一度に覚える情報量を減らす　115
7．漢字や外国語の単語は語源的アプローチが有効　116
8．語呂合わせは非常に長く覚えていられる　117
9．記憶術・記憶法の本を何冊か勉強してみる　117
10．数学や物理の記憶法・勉強法は？　118
11．繰返し読む自分の古典（基本書）を作る　119

## ＜参考文献＞ ………………………………………………… 120

## ＜索引＞ ……………………………………………………… 123

情報分析と課題解決の技法

# 第1章　脳のしくみを知ろう

## １．記憶のしくみ

　最新脳科学を研究している池谷裕二氏は『高校生の勉強法』ナガセ、2002で、人間の脳は命にかかわることを最優先し、それ以外のことはすぐ忘れるようにできており、むしろ「人間は忘れることの方が得意である」と述べている。

### （１）エビングハウスの忘却曲線
　エビングハウスは無意味な単語を 10 個覚えさせて、時間の経過と共にいくつの単語を覚えているかを調査し、下図のように 4 時間後には約半分を忘れ、その後忘れる速度が低下することを発見した。また、途中で復習をすると、忘れにくくなることも見いだした。

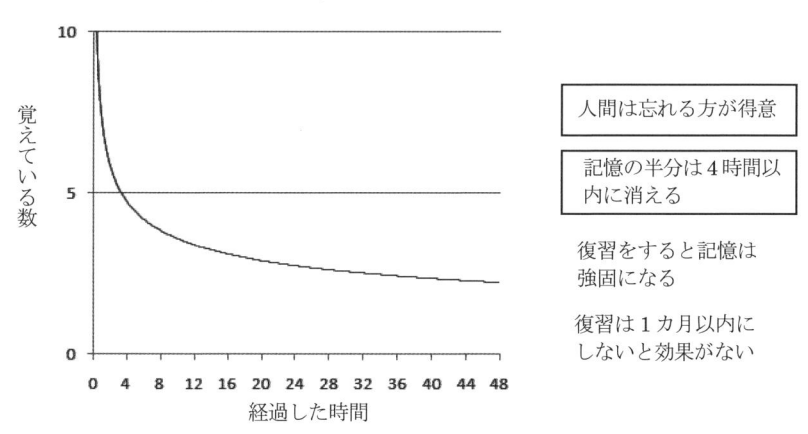

図 1-1　エビングハウスの忘却曲線

逆に、復習を効率的に行うと、記憶の定着化が図れることになる。

## （２）理想的な復習方法

池谷氏によると、理想的な復習方法として2カ月に4回復習するのがベストである。

4回の復習のタイミングは、
- 1回目　　　　翌日
- 2回目　　　　1週間後
- 3回目　　　　3週間後
- 4回目　　　　1カ月と3週間後

である。

## （３）記憶のしくみ：茂木健一郎の記憶力アップ術より

2010年2月3日にTV番組『ザ・ベストハウス123』で放送された茂木健一郎氏による記憶のしくみの説明では、情報は海馬（短期記憶）を経由して側頭連合野（長期記憶）に保存される。「思い出す」とは側頭連合野から前頭葉に情報を持ってくることである。思い出す回路は使えば使うほど太くなる。したがって、何かを忘れたときに携帯電話などですぐに検索せずに一生懸命思い出す努力をすべきである。また、大切な情報の場合、扁桃核が「これ大事だから覚えてね」という指令を海馬に出し、長期記憶に残りやすくなる。

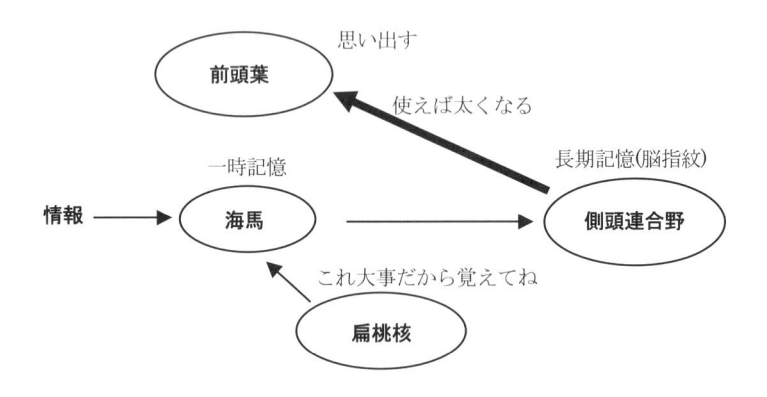

図1-2 記憶のしくみ1

記憶力をアップしたり、脳をうまく活用するには、
  1）パソコンや携帯に頼らず、自分の力で思い出す習慣をつける。
  2）記憶を定着させるには、6時間以上の睡眠をとることが大切。
  3）脳のゴールデンタイムは、朝起きてすぐの時間帯。午前中を有効活用。
などが大切である。

## （4）記憶のしくみ：認知心理学モデルより（経験的知識を追加）

岡本浩一著『上達の法則』PHP研究所、2002では、認知心理学モデルによる記憶の仕組みを以下の図のように表している。

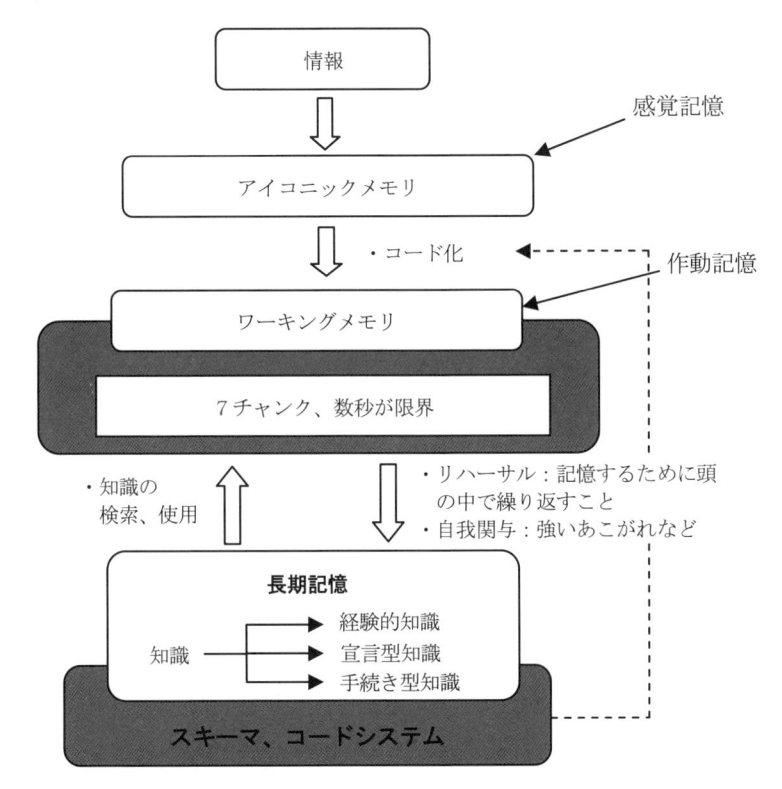

```
              ┌──────────┐
              │   情報    │
              └────┬─────┘
                   ↓
         ┌──────────────────┐   ← 感覚記憶
         │ アイコニックメモリ │
         └────────┬─────────┘
                  ↓ ・コード化  ←─────┐
         ┌──────────────────┐          │ 作動記憶
         │  ワーキングメモリ │          │
         ├──────────────────┤          │
         │ 7チャンク、数秒が限界 │      │
         └────┬─────────┬───┘          │
  ・知識の    ↑         ↓               │
   検索、使用             ・リハーサル：記憶するために頭
                           の中で繰り返すこと
                         ・自我関与：強いあこがれなど
         ┌──────────────────┐
         │     長期記憶      │
         │ 知識 → 経験的知識 │
         │      → 宣言型知識 │
         │      → 手続き型知識│
         ├──────────────────┤
         │ スキーマ、コードシステム │──┘
         └──────────────────┘
```

図1-3 記憶のしくみ2（認知心理学モデル）

ここで、各用語のポイントを補足する。
・チャンク：まとまった意味ひとつ分
・宣言型知識：普通の知識
・手続き型知識：動作など言葉に表しにくい知識
・コード化：コトバ・記憶できる状態に変換すること
・コードシステム：コード化するしくみ
・スキーマ：知覚、認知、思考が一定の方式で行われる枠組みで、コードシステムに動作の調整機能や五感の感覚が付与したものでもある

そこで、物事をよく記憶するには、リハーサルをしたり、自我関与をして長期記憶に残りやすくする工夫が必要である。また、情報の意味をよく理解してコード化したり、スキーマを構築できると、より強い記憶として残ることになる。

## 2．年齢と記憶の変化

『高校生の勉強法』によると、年齢と共に記憶の種類が変化する。生まれた直後は方法記憶が主で、その後中学生ぐらいまでは知識記憶が主となり、高校生以降は経験記憶が主となる。

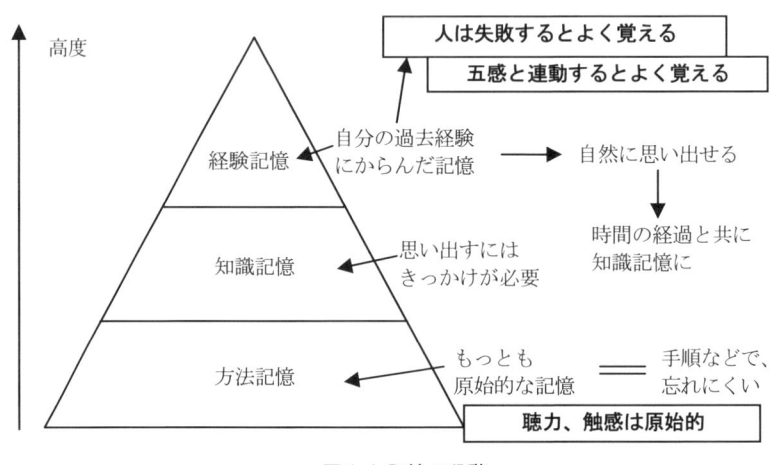

図1-4 記憶の段階

したがって、中学時代は丸暗記が得意であっても、高校以降は経験記憶に変えていかないと、うまく記憶できなくなる。このことに気付いているかどうかで高校生以降の成績に大きな差が出ることになる。

## 3．左脳と右脳の役割分担

トニー・ブザン著『99 パーセントへの挑戦』ブリタニカ出版、1979 によると、左脳と右脳は役割分担を行っている（図1-5 参照）。ブレインマップ（後にマインドマップと名称変更）に情報を記録し、絵図を加えると左脳と右脳の両方をうまく連携させることができ、従来より脳の多くの部分が活性化されて記憶力が増すと述べている。

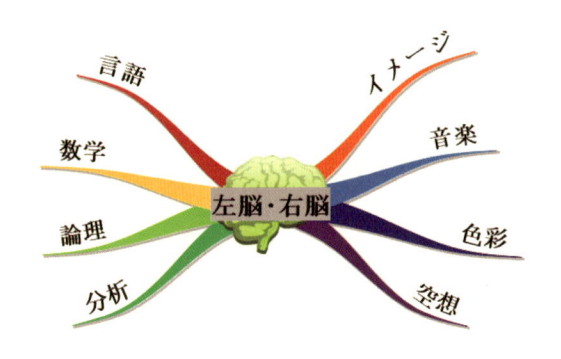

図 1-5 左脳と右脳の役割分担

（図は iMindMap で作成）

## 4．「わかる」「覚える」「慣れる」

吉永 賢一著『東大家庭教師が教える頭が良くなる勉強法』中経出版、2008 によると、ものごとを活用できるようになるためには、「わかる」「覚える」「慣れる」の3つが必要である。応用問題が出来ないのは、「慣れる」が欠けているからである。

慣れるには、「300回」程度の練習が必要である（図1-6参照）。

図1-6 「わかる」「覚える」「慣れる」

## 5．脳のしくみを理解して上級者になるには

### （1）上級者の特徴
　岡本　浩一 著『上達の法則』PHP研究所、2002で述べられている上級者の特徴例を列挙する。
　1）中級者に比べ、質的変化が起きている。
　　（例1）英語でそのまま理解できる。
　　（例2）MS Office / Word の新バージョンでもすぐ使える。
　2）コーディング能力が高い
　　（例）初心者：3412は数字の羅列：4チャンク
　　　　　中級者：99で3×4=12：1チャンク
　3）スキーマがすぐれている
　　（例）運転の上級者は、車両感覚が優れているため、自然に縦列駐車ができる。

### （2）上級者になるには
　上級者になるには、「精密練習（ひとつのものを徹底的に修得）、深い模倣や暗唱、イメージ化、理論構築練習方法を工夫、広域的知識を獲得する、強い関心を持つ（自我関与）、楽しむ」などを意識して取り組むことにより、到達することができる。ある程度の期間を準備して実直に取り組むことが必要である。

## 6．アイデアはいつ出るのか

　アイデアは、「連想で出る」場合、「ポンと出る」場合などいくつかのパターンがある。また、脳には右脳と左脳があり、右脳を刺激するとアイデアが出やすい。アイデアは、基本的に既存の知識の組み合わせである場合が多い。したがって、新しいアイデアの元となる情報の蓄積があらかじめ行われていることが前提となる。さらに、問題意識が低いと、せっかくのヒントもアイデアにつながらないこともある。

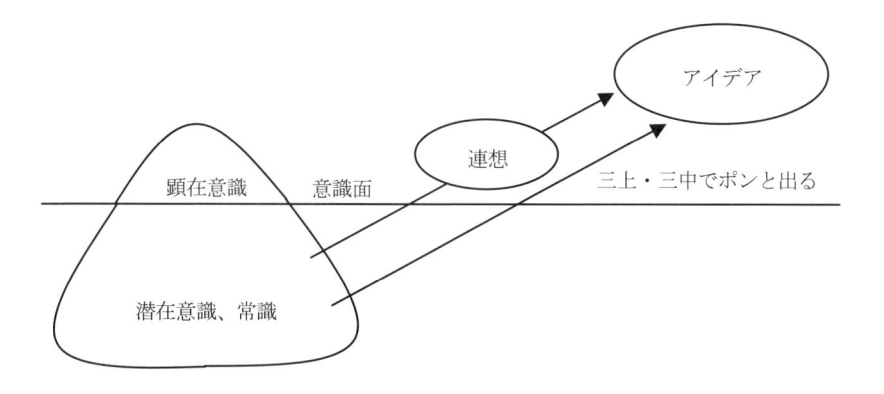

図1-7　アイデアの出るとき

　アイデアは三上（馬上、枕上、厠上）・三中（無我夢中、散歩中、入浴中）でポンと出てくるし、各種の技法・ツールを活用して連想による刺激を与えるとよく出てくることがわかっている。
　アイデア発想については、この本の後半でさらに詳しく解説したい。

# 第2章　図解技法の基礎

## 1．図解技法の基礎1　図読

　情報分析ツールとしての図解技法は非常に強力である。ここではその基礎を学ぶ。久恒啓一 著『図で読み解く！ドラッカー理論』かんき出版、2004 の前書きの説明と図解がよくまとまっているので引用したい。

> （以下 引用）
> 　読書の理解度や、頭の中への定着度を高める方法として、私は「図読（ズドク）」という読み方を提唱しています。それはあらまし次のような手順をとります。
> 　まず、本を通読して全体としてどのようなことが書かれているのかをつかみます。それから黄色のマーカーを片手に、ポイントと思う部分、自分にとっておもしろかった部分、気になった部分、分からない部分、キーワードなどに印をつけていきます。
> 　通読と印つけが終わったら、今度は改めて目次を眺めながら、大まかに図をデッサンします。目次は、著者が本全体の「ストーリー」を教えてくれている部分です。いい本には必ずいい目次がついています。大いに活用してください。この目次に沿って全体を図解してみる段階を、「仮図解」と呼びましょう。
> 　この段階では頭の中にある様々な断片が交差していますから、すっきりとした図には程遠い状態です。
> 　次に、仮図解を見ながら、再び全体を読んでいきます。印をつけた大事なポイント、ピンときた点、キーワードなどを仮図解の中に書き込んでいきます。この段階になると、仮図解を充実させるという目的に絞って読んでいるため、本を読むスピードはきわめて速くなっているでしょう。
> 　そして仮図解に書き込まれた情報を眺めながら、わいてきた疑問点や論理の飛躍があるところを本文を見ながらたしかめ、理解をさらに深めていきます。
> 　最後に、全体の構図やレイアウト、論理展開の順序などを考えながら図を充実させ、スッキリさせていきます。ここまでくると、図を見ながら本の内容を誰にでも説明できるまでになっているはずです。
> 　こういった過程を経ると、最低でも3回は本を通読することになりますから、他の方法に比べて図読による本の理解は圧倒的に深まります。

第 2 章　図解技法の基礎　9

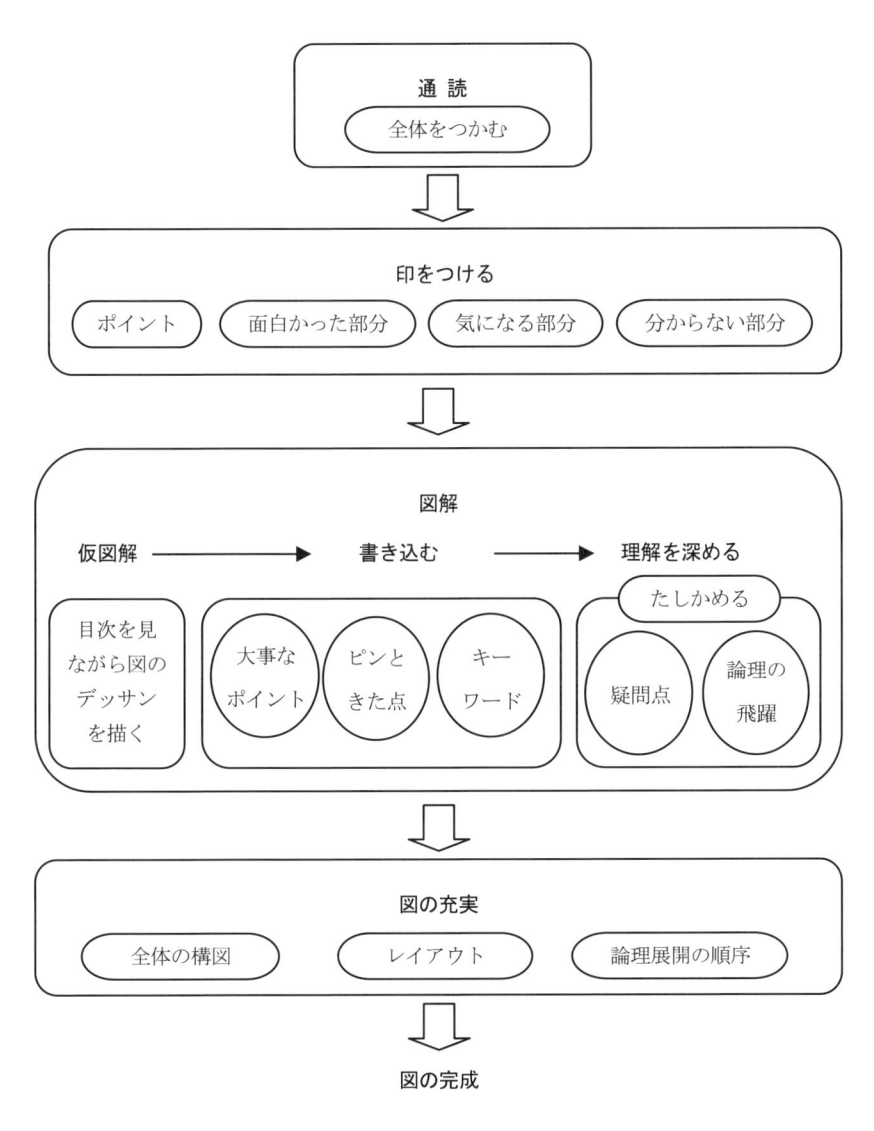

```
             ┌─────────────────┐
             │      通 読       │
             │  (全体をつかむ)   │
             └────────┬────────┘
                      ▼
┌──────────────────────────────────────────────┐
│                  印をつける                    │
│ (ポイント)(面白かった部分)(気になる部分)(分からない部分) │
└──────────────────────┬───────────────────────┘
                       ▼
┌──────────────────────────────────────────────┐
│                    図解                       │
│  仮図解  →   書き込む   →   理解を深める       │
│                                              │
│ ┌──────┐ ┌──────────────┐ ┌ たしかめる ┐    │
│ │目次を見│ │大事な ピンと キー│ │疑問点 論理の│    │
│ │ながら図│ │ポイント きた点 ワード│ │      飛躍 │    │
│ │のデッサ│ │              │ │          │    │
│ │ンを描く│ │              │ │          │    │
│ └──────┘ └──────────────┘ └──────────┘    │
└──────────────────────┬───────────────────────┘
                       ▼
┌──────────────────────────────────────────────┐
│                  図の充実                     │
│  (全体の構図)   (レイアウト)   (論理展開の順序)  │
└──────────────────────┬───────────────────────┘
                       ▼
                   図の完成
```

図 2-1　図読の手順

（注）久恒啓一 著『図で読み解く！ドラッカー理論』かんき出版、2004 より引用

## 2．図解技法の基礎2　○の使い方（○で表す関係）

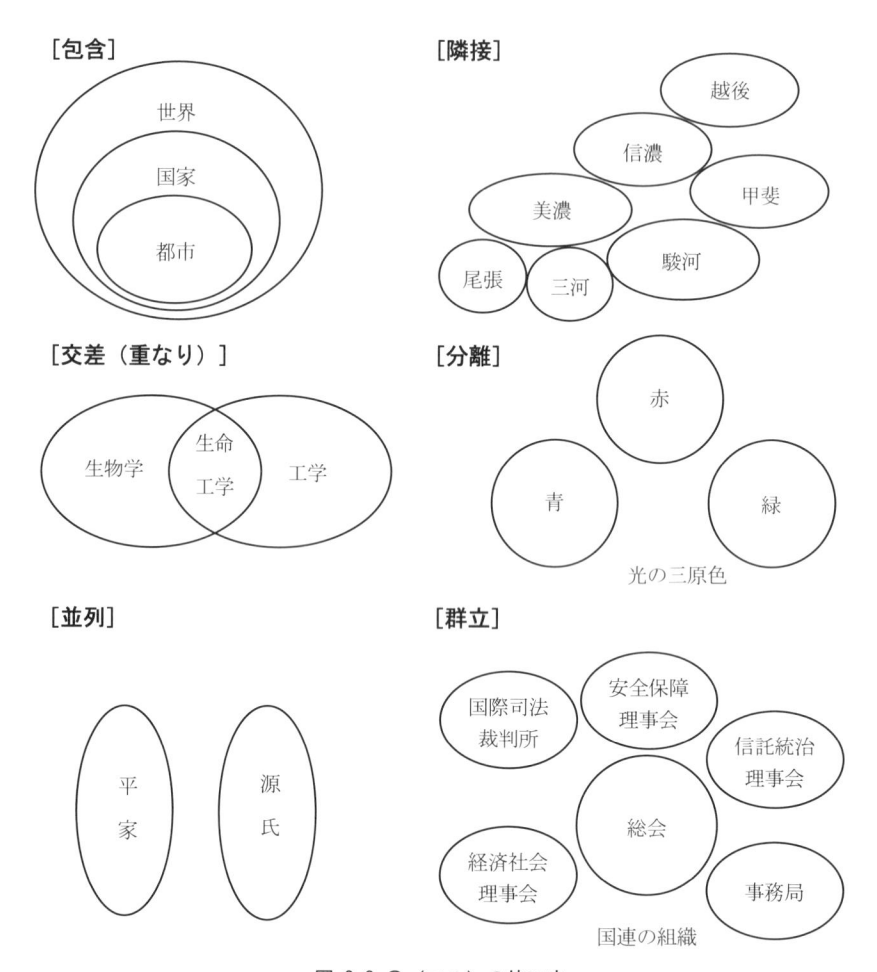

[包含]

世界
国家
都市

[隣接]

越後
信濃
美濃
甲斐
尾張
三河
駿河

[交差（重なり）]

生物学
生命工学
工学

[分離]

赤
青
緑

光の三原色

[並列]

平家
源氏

[群立]

国際司法裁判所
安全保障理事会
信託統治理事会
経済社会理事会
総会
事務局

国連の組織

図 2-2 ○（マル）の使い方

### （1）マルで「関係、位置、構造」を表現する

　マルを用いた構造を表現するためのいくつかのパターンについて概説する。

　[包含]・・・包含は世界、国家、都市のようにより大きな概念がより小さな概念を含んでいる様子を表すのに用いる。

[隣接]・・・武田信玄、上杉謙信、今川義元、織田信長、徳川家康などの戦国武将が生きた時代、甲斐、信濃、美濃、越後、三河、尾張などの国が隣接していた。このように、各要素や勢力が接している構造を表す場合に隣接を用いる。

[交差（重なり）]・・・交差は2つまたは3つ以上の要素が交差して重なりをもった構造を表すのに用いる。最近発達してきた生命工学は生物学と工学が交差して生まれた学問・技術である。

[分離]・・・分離は互いに独立した要素の関係を表すのに用いる。光の三原色や三権分立、三大宗教などを表すのに用いることができる。

[並列]・・・2つのマルで並列する2大勢力などを表すことができる。ここでは平安時代末期の平家と源氏を並べた。ちなみに、平家は赤旗、源氏は白旗を用い、赤組・白組の始まりといわれている。

[群立]・・・大きな組織のまわりに小さな組織が群をなしている構造を表すことができる。例えば、国連の組織は総会を中心として大きな5つの組織群で運営されている。

## 3．図解技法の基礎3　→の使い方

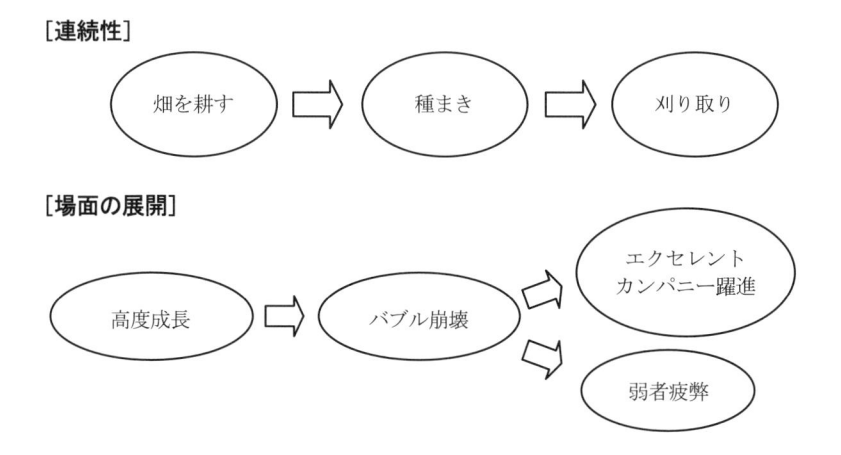

[連続性]

畑を耕す　⇒　種まき　⇒　刈り取り

[場面の展開]

高度成長　⇒　バブル崩壊　⇒　エクセレントカンパニー躍進
　　　　　　　　　　　　　⇒　弱者疲弊

[思考の流れ]　　　　　　　　　　　[対立]

仕事のサイクル

Plan → Do → Check → Action →（サイクル）

急進派 ⇔ 穏健派

[双方向性]

顧客 ⇔ 建築業者

[拡散のパターン]　　　　　　　　[収縮のパターン]

原始脊椎動物 → 哺乳類、鳥類、魚類、両生類、爬虫類

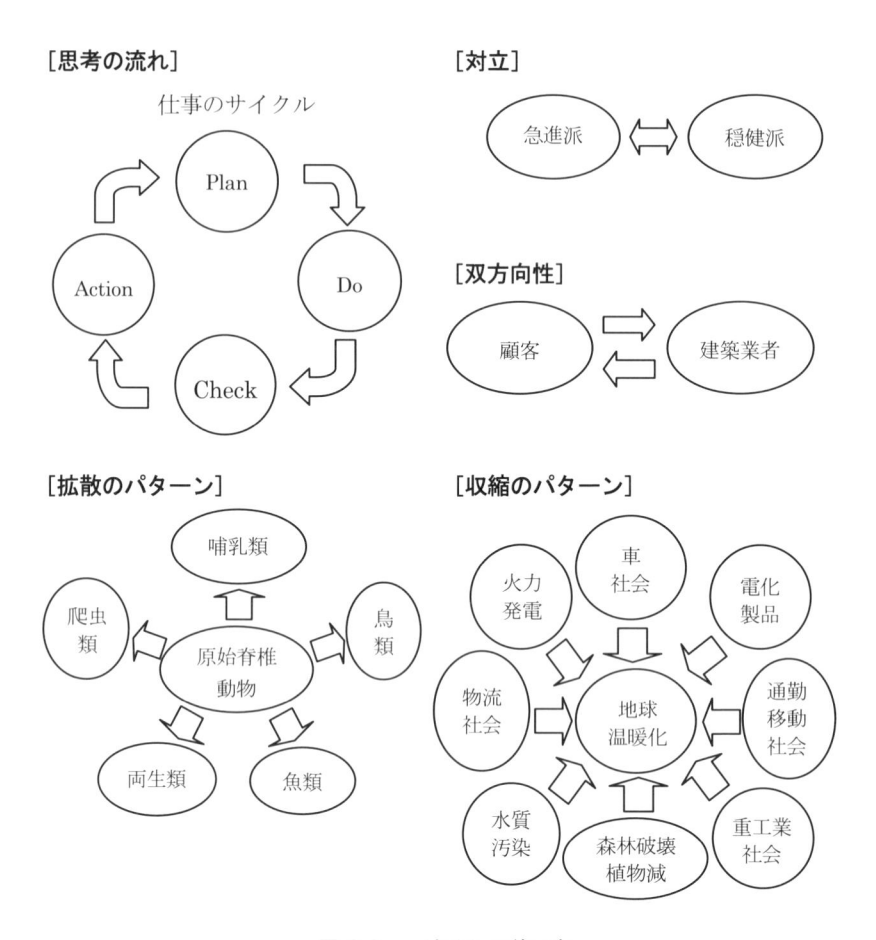

地球温暖化 ← 車社会、電化製品、通勤移動社会、重工業社会、森林破壊植物減、水質汚染、物流社会、火力発電

図 2-3 →（矢印）の使い方

## （2）矢印で「動き、流れ、方向」を表現する

　マルによる構造が求まった後は、矢印で動き、流れ、方向などを表現する。「原因」→「結果」の関係や時間の流れを表現する。

　**[連続性]**・・・時間的・順序的な流れを表現する。「畑を耕す」→「種まき」→「刈り取り」の流れは実際の農作業の場合にも、ビジネスの比喩的な表現にも使われる。

[場面の展開]・・・時間的・順序的な流れと分岐を組み合わせると、場面の展開を表すことができる。バブル崩壊以前は高度成長が続き、皆がわが世の春を謳歌したが、バブル崩壊を機に本当のエクセレントカンパニーが大躍進をとげ、弱点を抱えていた会社にはリストラの嵐が吹き荒れた。

[思考の流れ]・・・巡回する思考や作業の流れを表すのに使える矢印のパターンである。仕事のサイクルを PDCA という。これは Plan（計画）、Do（実施）、Check（評価）、Action（対策）の順で仕事をするのが理想的と考えられているからである。

[対立]・・・2 つの物事や勢力が対立する様子を表すときには、始点と終点の両方に矢印を付けた線を使う。急進派と穏健派は常に対立を繰り返しているし、与党と野党もいつも対立している。

[双方向性]・・・コミュニケーションに関するものは、右向きと左向きの矢印を用いて双方向性を表す。家を建てるときには顧客と建築業者が盛んにコミュニケーションを繰り返してより良い家を建てようとする。

　システム開発の場合の顧客とシステムアナリストの関係も双方向性で表せる。

[拡散のパターン]・・・外側に広がる場合には、拡散のパターンを用いる。共通の原始脊椎動物の祖先から魚類、両生類、爬虫類、鳥類、哺乳類が分化したと考えられている。

[収縮のパターン]・・・多くの原因から 1 つの重大な結果を生み出す場合などには、収縮のパターーで表現できる。例えば、水質汚染や森林伐採により海藻や植物などの $CO_2$ を酸素に変える生物が減少し、人間の快適さを維持するために、電化製品（クーラー、テレビ、ラジオ）、物流・通勤、重工業社会が発展して大電力消費・石油燃焼を行い、その結果として地球温暖化を加速させていることになっている。

(注) 図 2-2 と図 2-3 は久恒 啓一 著『図で考える人の図解表現の技術』日本経済新聞社、
　　 2002 年を参考にして作成した。

## 4．例題　「学問のすすめ　初編」の図解

例題　「学問のすすめ　初編」の書き出し部を図解しなさい。

学問のすすめ　初編　福沢諭吉【著】　岬龍一郎【訳】

天は人の上に人を造らず
身分貧富の差がつくのは学問をしたかどうかにかかっている

　「天は人の上に人を造らず、人の下に人を造らず」という。天が人間を誕生させたとき、人は誰もが同じ身分に生まれ、生まれながらにして 貴(とうと)いとか賤(いや)しいとかの差別はなかった。
　万物(ばんぶつ)の霊長(れいちょう)としての肉体と精神をもった人間は、天地の間にあるすべての物を活用し、それによって衣食住の必要を満たし、自由自在に生き、他人の迷惑にならないようにして、誰もが安心して楽しく、この世で生きていけるようにと、それが天の趣旨であった。
　ところがいま、広くこの社会を見渡すと、賢い人がいたり、愚かなる人がいたり、あるいは貧しき人、富める人、身分の高い人、低い人もいて、人の生き方に雲泥(うんでい)の差があるのは、なぜだろう。その理由は実にはっきりしている。
　『実語教(じつごきょう)』(江戸時代に寺子屋で使った教科書)という本に、「人、学ばざれば智(ち)なし、智なき者は愚人(ぐじん)なり」とあるように、賢い人と愚かなる人との差は、学問をしたかしないか、によって決まるのである。
　世の中には難しい仕事もあるし、やさしい仕事もある。一般に難しい仕事をする人を身分が高い人と呼び、やさしい仕事をする人を身分が低い人と呼んでいる。知力や精神的苦労を伴う仕事は難しく、手足を使う肉体労働はやさしい仕事とされている。それゆえに医者、学者、政府の役人、大会社の社長、多くの従業員を使う農場主などは、身分

> が高く偉い人ということになる。
>
> 　身分が高く偉い人は、おのずからその家も裕福となり、下の者から見ればとても及ぶべきではないと思えるが、その本を考えると、理由は明らかである。それは、その人に学問の力があるかないかによって決まっている。天が定めたことではない。
>
> 　諺に「天は富貴を人に与えずして、これをその人の働きに与うるものなり」というのがある。貧富の差は天が与えたのではなく、その人の働き具合によるものだとの意味である。前述したように、人間にはもともと貴賎や貧富の差などない。その差が生じたのは、学問を修め、物事をよく知った人は出世し、金持ちとなる。それに反して学問に励まなかった人は、出世もできず、貧乏となって身分の低い人となるのである。

---

**知的生産技術メモ1：知的生産技術の基本書**

　梅棹 忠夫著『知的生産の技術』岩波書店、1969 は、知的生産技術の基本書というべきものである。その内容を概観するために、目次を以下に示す。

1. 発見の手帳
2. ノートからカードへ
3. カードとそのつかいかた
4. きりぬきと規格化
5. 整理と事務
6. 読書
7. ペンからタイプライターへ
8. 手紙
9. 日記と記録
10. 原稿
11. 文章

　この本の中で紹介されているB6サイズの京大式カードと整理用のボックスを利用している研究者やビジネスマンは多いと思う。PC、iPad、iPhoneやインターネットの普及により、京大式カードで行っていたことがEvernoteなどに置き換えられつつあるように思う。新聞もデジタル版が普及し、切り抜きの方法も激変している。

## 天は人の上に人を造らず、人の下に人を造らず

**天が人間を誕生させたときの天の趣旨**

- 天地の間にあるすべての物を活用
- 衣食住の必要を満たし
- 人は平等に生まれ、貴賤の差別はない
- 自由自在に生き
- 他人の迷惑にならない
- 安心して楽しく、この世で生きていける

## 天は富貴を人に与えず、その働きに与えるものなり

**人の生き方に雲泥(うんでい)の差がある**

**身分の高い人、偉い人**
- 難しい仕事（知力や精神的苦痛を伴う仕事）
- 医者
- 学者
- 政府の役人
- 大会社の社長
- 農場主

**富める人**

← 学問を修め、物事をよく知る
→ 無学

↕ 学問の力の差

**身分の低い人**
- やさしい仕事（手足を使う肉体労働）

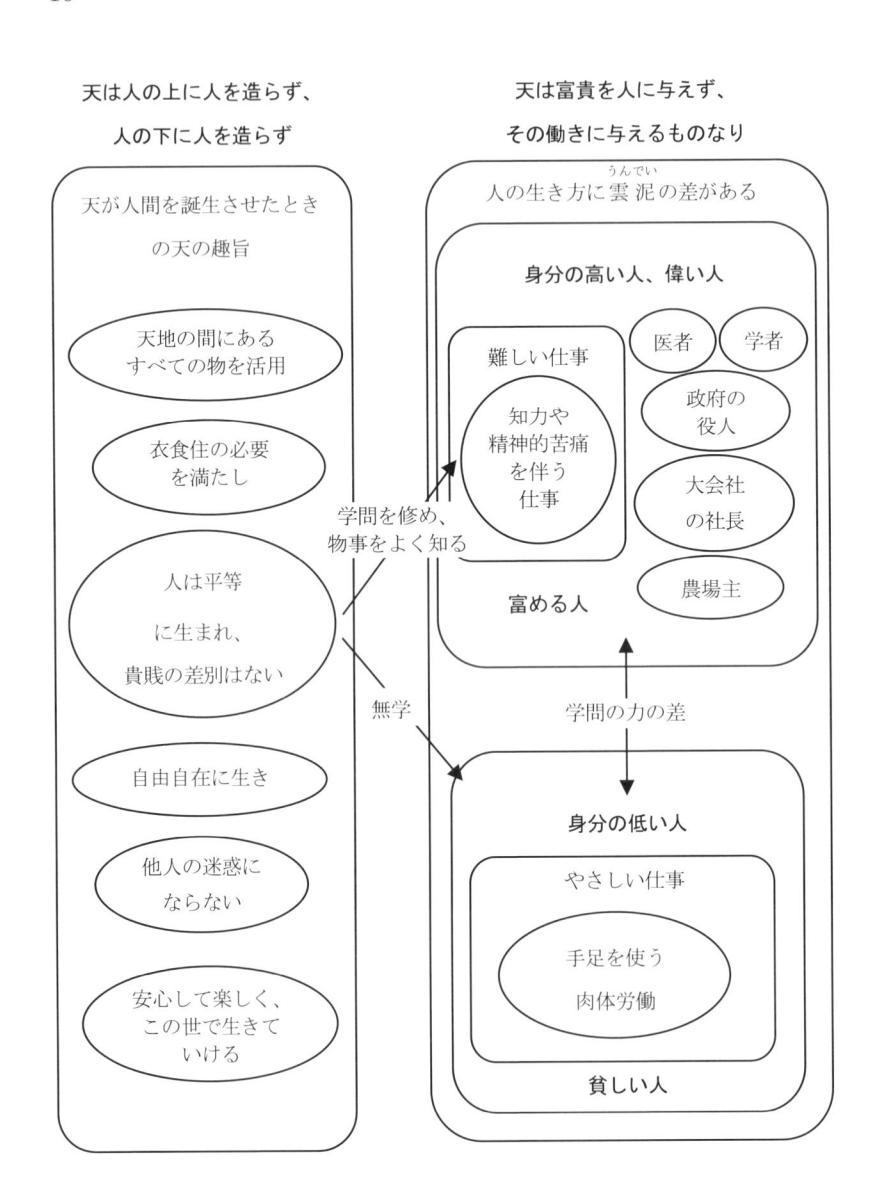

**貧しい人**

図 2-4 学問のすすめ 初編（1）図解例

## 第3章　80対20の法則

### 1．80対20の法則とは何か

#### （1）パレートの法則とは

　パレートの法則についてリチャード・コッチ著『80対20の法則』阪急コミュニケーションズ、1998にわかりやすい説明があるので、それを引用したい。

（以下引用）
　80対20の法則の基本原理が発見されたのは、約100年前の1897年で、それを発見したのがイタリアの経済学者ヴィルフレード・パレートだった。
　「パレートの法則」「80対20の法則」「最小努力の法則」「不均衡の法則」など、この法則にはさまざまな名前がつけられているが、本書では「80対20の法則」と呼ぶことにする。パレートの発見以来、この法則は、経営者、コンピュータ研究者、品質管理担当者など、責任ある地位につく数多くの人たちに陰ながら大きな影響を与えてきた。それでもまだ、この法則が十分に活かされているとはいえない。80対20の法則を知り、それを活用してきた賢明な人達でさえ、この法則が持つパワーのほんの一部しか利用していない。
　それでは、パレートはいったい、どんなことを発見したのか。パレートは19世紀のイギリスにおける所得と資産の分布を調査した。そして、所得と資産が一部の人たちに集中していることを発見した。これ自体は、驚くほどのことではない。パレートはそれに加えて、2つの奇妙な事実に気がついたのだ。
　1つは、人口に占める比率と、所得・資産総額に占める比率との間に、一貫して数理的な関係があるという事実である。わずか20%の人達に総資産額の80%が集中していた場合、机上の計算では、10%の人たちに資産総額の65%が集中し、5%の人たちに資産総額の50%が集中しているということになり、調べてみると、実際にそうなっていた。大事なのは、そのパーセンテージではなく、富の分布の不均衡に法則性が

> あったということである。
> 　パレートが発見したもう1つの事実は、時代を問わず、国を問わず、集めたデータを調べた限り、この不均衡のパターンが一貫して繰り返されるということであった。パレートはこの事実を知って興奮した。イギリスの昔のデータを調べてみても、ほかの国の現在のデータ、過去のデータを調べてみても、まさに数学的な正確さで、同じパターンが繰り返し認められたのである。

以下、同じ文献を参考にして80対20の法則の側面について簡単にまとめたい。

### (2) 1949年―ジップの最小努力の法則

ジップは1949年、「最小努力の法則」を発見した。これは、パレートの法則を再発見し、磨きをかけたものである。すなわち、資源（人間、財、時間、技能など、生産に費やされるものすべて）は、労力が最小限ですむように自らを調整する傾向があり、その結果、産出の70~80%がわずか20~30%の資源から生み出されるという不均衡が生じる。

### (3) 1951年―ジュランの法則と日本の勃興

品質管理の神様といわれるジュランは、1951年に『品質管理ハンドブック』を出版した。アメリカの産業界では無視されたが、日本で大歓迎を受け、品質改善を指導した。ジュランの用いた手法の基本は、以下のものである。
1) 欠陥部品の分布にも、このパレートの法則が働いている。
2) ABC分析：多くの欠陥要因のうち上位3位までで欠陥の80%を占める。

したがって、欠陥の上位3位までの原因を突き止めて徹底的に対策をすれば、全体の品質が大幅に向上することになる。

### (4) 1960年代から90年代―80対20の法則の利用

1963年、IBMはコンピュータの性能改善に80対20の法則を取り入れて大成功した。すなわち、コンピュータを使う時間の80%が、全機能の約20%に集中していることを発見した。そこで、頻繁に使われる20%の機能が、ユーザにとって使いやすくなるようにオペレーティングシステムを書き換えた。このため、よく使うアプリケーションでは、IBMのコンピュータの性能がもっとも高くなり、もっとも高速になった。

## 2．80対20の法則が当てはまる例

### （1）顧客と売上げの関係：重要顧客にサービスを手厚く提供すべき
　顧客ごとの商品の購入実績を分析すると、非常に少ない顧客が繰り返し商品の購入を行っている場合が多い。したがって、この重要顧客のニーズを聞き出し、これらの顧客の求める商品を開発・提供する方が、全体の売上に大きく貢献する可能性が高い。

> 顧客の20%が売上げの80%に貢献している

### （2）商品と売上げの関係：書店やコンビニの仕入れに利用されている
　商品ごとの売上高を分析すると、売れ筋商品が偏っており、ほとんど売れない商品もあることがわかる。そこで、売れ筋商品を見つけ、これらを目につきやすい場所に陳列するとか、品切れが発生しないようにうまく発注するとか、売れ筋商品の延長線上で新商品を開発するということに注力すれば、全体の売上を伸ばすことが可能である。

> 商品の20%が売上げの80%に貢献している

### （3）社員と売上げの関係：できる人はどんどん重要な仕事を任される
　同期で入社した社員であっても、何年かすると業績に大きな差が生じてくる。これは、成功・失敗による信頼感や仕事の効率など、小さな成果の積み重ねによって、どんどん仕事が増え、責任のある仕事を任される人と、仕事を任されない人とに分かれていく。
　「急ぐ仕事は、忙しい人に頼め」というのも一理ある。

> 社員の20%が売上げの80%に貢献している

（注）最初の実力差・やる気には、わずかの差しかないが、どんどん差がついていく。

## （4）ある科目の知識と試験に出る割合の関係

　試験によく出る問題は、全体の20%であると言われる。これは、ある科目の重要事項が繰り返し出題されることを意味している。したがって、すべてを均一に勉強するのではなく、授業の中で繰り返し重要だとか「試験に出る」と先生が強調した点を重点的に勉強する方が、少ない時間でよい得点になることが多い。

> ある科目の20%の重要事項が80%の割合で試験に出題される

（注）入試問題でも、旺文社の『傾向と対策』というシリーズがロングセラーとなっている。80対20の法則に気付いている受験生がどれくらいいるのだろうか。

## （5）超整理法

　ベストセラーとなった、野口 悠紀雄著『「超」整理法』中央公論社、1993 に押し出しファイリングという情報管理法が紹介されている。その方法は、資料を封筒に入れ、一度利用した情報を1番手前にずらすことを繰り返すと、奥の方の情報はほとんど利用されることがないことがわかるというものである。重要な情報は手前に移動し、利用しない情報は廃棄できる（あるいは、廃棄予備群として別の場所に保管できる）。すなわち、以下のように情報の管理に使うことができる。

> 保有している情報の20%を80%の割合で利用する。
> よく使う情報を手前に移動し続けると、重要な情報を選別できる。

（注）これは、本や服の利用にも当てはまり、本棚やクローゼットの整理に役立つ。

## （6）仕事のスキル

　社会人となって仕事を始めると、要領のよい社員は、短期間でそこそこ仕事ができるようになる。これは、求められるスキルの20%が仕事全体の80%の割合で繰り返し利用されるからである。この求められる20%を見つけて早急に修得できる人が要領のよい会社員ということになる。

> 保有している仕事上のスキルの20%を80%の割合で利用する

（注）自分のよく利用する 20%のスキルを徹底的に磨くのがデキる人への近道。

### （7）納期遅れ対策

　コンピュータシステム開発などにおいては、しばしば納期遅れが発生する（コンピュータシステム開発プロジェクトは、常に最新の技術や新しいサービスを提供することが求められ、未知の新プログラム群を製作する。したがって、納期遅れは宿命的なものである）。このようなとき、あるタイミングで納期に間に合わせるために、必要最低限の機能を列挙して優先順位をつけ、最小限の機能だけを先に完成させて納期を守ることが行われる。最小限の 20%の機能が、80%の割合でよく使われる可能性が高いので、ある一定のサービス提供が可能となるのである。残った機能は、優先順位を付け、規模を縮小して完成させるか削除することになる。

## 3．20 対 60 対 20 の法則

　組織論でも 80 対 20 の法則の発展形である 20 対 60 対 20 の法則が当てはまる（荒井千暁著『「こんな職場じゃやっていけない」と思ったら読む本』PHP 研究所、 2010 より）。

> 個々人の業績から見て高成績群が 20%、まずまず平均の群が 60%、低成績群が 20%となる。

（注）20%の何人かが抜けても、その下の 60%からそれを補う人が出てきて、その割合は変わらない。この比率は、アリの世界でも同様である（よく働くアリは 20%）。

## 4．ロングテールの法則

　全国的な規模の本の販売や低価格の音楽ダウンロードの世界では、80 対 20 の法則が当てはまらない。ベストセラーではない、非常に多くの下位商品から大きな売上げが得られる。骨董品やニッチ商品のネット販売が成功するのも、ロングテールの法則のおかげである。アマゾン・ドット・コムもこの法則の恩恵を受けている。

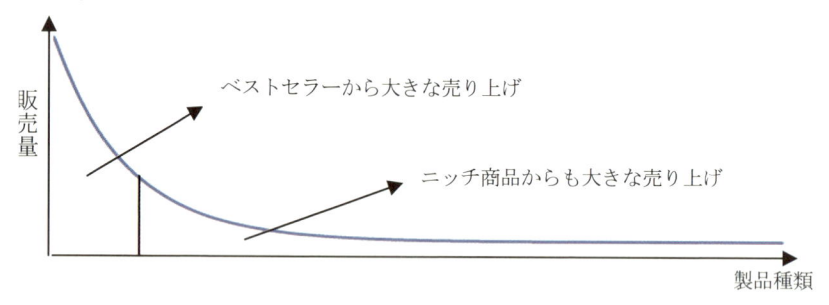

図 3-1　ロングテールの概念図

# 第4章 マトリックス・フレームワーク思考

## 1．マトリックス・フレームワーク思考とは

　マトリックス・フレームワーク思考について、永田豊志著『図解思考の技術』徳間書店、2010では、「異なる2軸（3軸）の組み合わせで要素を整理する」と説明されており、高橋誠著『新編 創造力事典』日科技連出版社、2002では、「思考の切り口を絞り込むための方法にマトリックス法がある」と述べられている。

　また、水野俊哉著『マトリックス図解思考』徳間書店、2010では、
　　「マトリックスとは、シナジー（相乗効果）を生み出す魔法の箱である。
　　　マトリックスにより4つに分類することで、どんな複雑な事象もシンプルに理解して説明することができる」
と説明しており、マッピング・マトリックス（世の中の事象を分類整理する：軸の名称があるもの）とシナジー・マトリックス（自分の行動の指針を明確化し、その成果を2倍にする：軸の名称がないもの）の2つを提案している。

|      | 要素A | 要素B |
| --- | --- | --- |
| 要素Ⅰ | ⅠA | ⅠB |
| 要素Ⅱ | ⅡA | ⅡB |

図4-1 マッピング・マトリックス：マトリックス思考の基本

| 強化要素1 | 強化要素2 |
| --- | --- |
| 強化要素3 | 強化要素4 |

図4-2 シナジー・マトリックス：強化したい要素に分解して行動指針を決める

## 2．マトリックス・フレームワーク思考の例

　ビジネスの世界で広く活用されているマトリックス・フレームワークを以下に紹介する。マトリックスの分割数が多くなると、事象を明確に整理することができないので、2×2のマトリックスが理解しやすい。

### （1）プロコンリスト（良い点・悪い点を比較して選択）
・プロコン（ProsCons）とは、良い点、悪い点という意味

|  | Aの方法 | Bの方法 |
|---|---|---|
| 良い点 | 即効性がある | 長期的な成長が見込める |
| 悪い点 | コストが高い<br>人材が育たない | 時間がかかる<br>成果が不確定 |

図4-3 プロコンリスト

### （2）SWOT分析 (Strength, Weakness, Opportunity, Threat)
・S：他社に比べての強み、W：他は持っているが、自分は持たない弱み
・O：追い風となる機会、T：脅威
・いかに強みと機会を生かし、弱みや脅威をカバーしながら成功するかを検討する戦略系フレームワークの定番

|  | O 機会 | T 脅威 |
|---|---|---|
| S<br>強み | 拡大する市場など機会をとらえて、どう強みを生かすか？ | 競合の出現などの脅威に備えて強みをどう生かすか？ |
| W<br>弱み | どう弱みをカバーして機会の利を得ることができるか？ | 脅威に対して弱みが致命的にならないよう、どう準備するか？ |

図4-4 SWOT分析

## （3）PPM分析（プロダクト・ポートフォリオ・マネジメント）
・PPM分析は、ボストン・コンサルティング・グループが考案した。
・自社の持つ事業の投資収益性についてポジションを明らかにする。
・マーケットシェア　高　＝　収益率　高
・問題児　→　花形事業　→　金のなる木

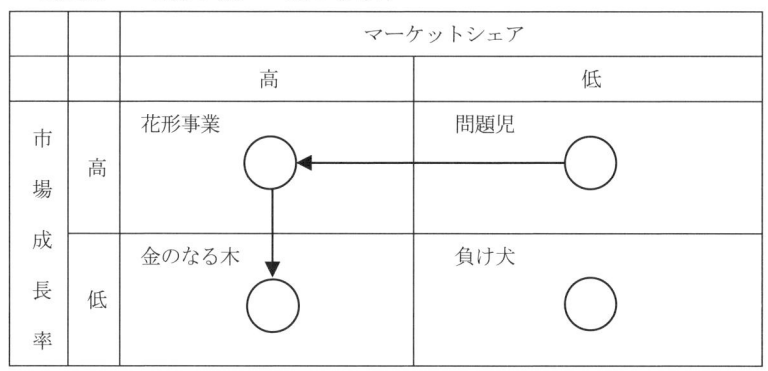

|  |  | マーケットシェア ||
|---|---|---|---|
|  |  | 高 | 低 |
| 市場成長率 | 高 | 花形事業 ○ | 問題児 ○ |
|  | 低 | 金のなる木 ○ | 負け犬 ○ |

図4-5 PPM分析

## （4）VRIO分析（Value, Rarity, Inimitablilty, Organization）
・4つの指標で経営資源を評価する
・競合他社と比較する

|  | 人材 | 開発力 | 資金力 |
|---|---|---|---|
| V(経済価値) | ○ | ○ | △ |
| R(希少性) | ○ | ○ | × |
| I(模倣困難性) | ○ | ○ | × |
| O(組織) | ○ | △ | × |

図4-6 VRIO分析

(参考) 孫子の兵法では、「政治はよいか」「将軍は有能か」「天候と地形は有利か」「法令はどちらが厳正か」「軍隊は強いか」「兵士は訓練されているか」「賞罰は公平か」などの戦力比較を行い、勝敗を事前に把握できると述べている。

## （5）ブルーオーシャン戦略

（永田豊志著『知的生産力が劇的に高まる最強フレームワーク100』ソフトバンククリエイティブ、2008より）
・従来にはなかった新たな需要を掘り起こすため、成功すれば、利益の伸びも大きく、成長スピードも速いのが特徴。例：任天堂Wii。

|  | レッドオーシャン戦略 | ブルーオーシャン戦略 |
| --- | --- | --- |
| 戦略のイメージ | 戦争状態（赤い血） | 競争のない穏やかな海 |
| 対象市場 | 競合他社のあふれる既存の市場 | 競争のない新しい市場まだ存在しない市場 |
| 価値とコスト | 価値とコストはトレードオフ | 価値を高めながらコスト低下 |
| 収益を得る方法 | ライバル企業に勝つ | 新しい価値を提供 |

図4-7 ブルーオーシャン戦略

## 3．新たな課題をマトリックスで整理するには

　新たな課題をマトリックスで整理する方法として、マッピング・マトリックスとシナジー・マトリックスについて紹介したい。マトリックスの要素数を多くすると、情報が整理できそうに見えるが、複雑すぎて本質的な理解やアイデア発想にはつながらなくなる。一方、間違った軸を選択すると検討の方向が的外れになってしまう。そこで、要素を抽出するときには、できるだけ多くの要素を洗い出し、最後の段階で2×2のマトリックスで深く検討するのが現実的なアプローチとなる。
　それでは、マッピング・マトリックスとシナジー・マトックスの例とそれらの応用事例の概要について述べたい。

## （1）マッピング・マトリックスの例

マッピング・マトリックスは思考のための軸を決め、そこに各要素を配置してブルーオーシャンとなる領域を見つけたり、強化すべき重点項目を見いだすために使用することができる。野口吉昭著『マトリックスで考える人は仕事ができる』かんき出版、2006 では、マトリックスで考えるプロセスを以下の 6 つのステップに分解している。

・Step1：分析の背景・目的の確認
・Step2：軸の要素出し（どんな軸が考えられるか）
・Step3：軸の決定
・Step4：テーマ・アイデア群のプロット（マトリックスに埋めるもの）
・Step5：グルーピング・分析フレーム決め（評価基準決め）
・Step6：分析の結論

ここでは、水野俊哉著『マトリックス図解思考』で述べられている自己啓発に役立つ『30 年間の代表的「勉強本」を紹介』からマッピング・マトリックスを紹介したい。これらの「勉強本」の特徴は、受験本、資格取得、年収アップ（実学）、仕事術などであり、これらのキーワードを軸として「勉強本」をマッピングしている。

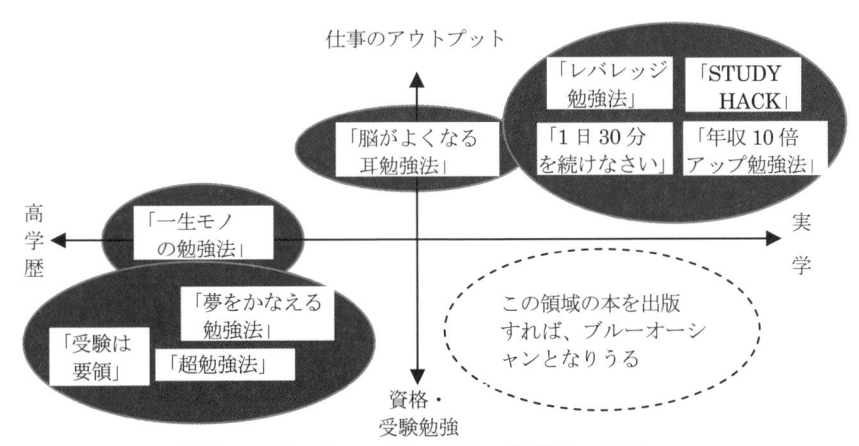

**図 4-8 マッピング・マトリックス：「勉強本」の例[1]**

---

[1] [60]を参考に作成

マッピング・マトリックスの応用範囲は非常に広い。例えば、図4-8で紹介した「勉強本」の新規出版企画を行う場合、実学と資格・受験勉強を兼ね備えた書籍出版というブルーオーシャン戦略やニーズ・成功例の多い領域での出版戦略が考えられる。

以下に、マッピング・マトリックスの応用例を紹介したい。

#### 1）業界マップと新規事業戦略の検討

自社と他社でおこなっている事業内容をマトリックスで整理すると、事業強化すべきか、あるいはブルーオーシャンとなる事業領域が見えてくるかも知れない。この場合にも、軸の設定によって見える景色は異なる。

#### 2）人材マップと人事採用計画

例えば、横軸を外と内、縦軸を年齢にして人材マップを作成すると、ある年齢層の営業マンや社内の調整役（ファシリテーター）を強化しなければならないとか、社内異動か中途採用で対応すべきかなどといったことが見えてくるはずである。

#### 3）自己啓発計画

自分の現在保有しているスキルや能力と将来の自分の理想像や周囲のデキる人のスキルをマトリックスにマッピングし、どの領域のスキルを修得すべきか、どのスキルを向上させれば自分の価値を高めることができるかなどを検討するのに使うことができる。

#### 4）商品企画

ある商品を企画する場合、既存の商品をマッピング・マトリックスで表して整理すると、どのような製品群があり、分析を進めるに従って、売れ筋商品の特徴が見えてくる。場合によってはブルーオーシャンの発見につながる可能性もある。

#### 5）システムの新規機能の企画

あるお客様の業務システムを新規開発したり、更新したりする場合、現状のシステムや業界のシステムの機能をマップすると、他にはない機能や強化すべき機能が明らかになってくる。

## （2）シナジー・マトリックスの例

　シナジー・マトリックスは、あるテーマ・能力などを 4 つの要素に分割し、それぞれの要素を 1.2 倍程度に強化し、全体として約 2 倍（1.2×1.2×1.2×1.2=2.0736）に強化・倍増させる行動指針を得るものである。例えば、英語力向上というテーマに対して、ヒアリング力、読解力、文法力、作文力の要素に分解したとする。そして、それぞれの要素で何を重点的に取り組んで全体的に能力向上を図るかという行動指針を求めることができる。

　英語力向上は多くの人が望んでいることであるが、なかなか継続することができず、結局はいつのまにか断念してしまうことが多い。

　そこで、長く続けるためにドラゴン桜のモデルとなった竹岡広信氏の発想を参考にして、

1）楽しく英語を学ぶ
2）項目を絞り込んで集中的に取り組む（たくさんやったって伸びない）
3）少なく覚えて多く活用できる語源などについて詳しく調べる

等を取り入れた英語力強化のためのマトリックスを作ってみた。

| 読解力強化 | ヒアリング力強化 |
|---|---|
| オーディオブック（CD）の Harry Potter 第 1 巻を聞きながら原著を繰り返し読む | 洋画を繰り返し見る You've Got Mail(100 回以上)、トラッドジャパンを繰り返し見る |
| 作文力強化 | 文法力強化 |
| 『ドラゴンイングリッシュ基本英文100』講談社、2005 を通勤途上で繰り返し暗唱 | 冠詞 the の使い方をマスターする『ハートで感じる英文法』日本放送出版協会、2005 を繰り返し読み、ビデオを繰り返し見る |

図 4-9 英語力向上のシナジー・マトリックスの例

　ただ漠然と英語力向上という目標を掲げただけでは何をするかが見えてこないが、要素ごとに分割すると何をすべきかが明確になってくる。

シナジー・マトリックスの他の例を以下に示したい。

### 1）就職活動力UPのシナジー・マトリックス

就職活動を行う場合、以下のシナジー・マトリックスが考えられる。4つの項目で、レベルアップ項目を具体的に列挙し、強化項目を見いだすことができる。筆記試験能力が不十分な場合、SPI2や常識問題の問題集を夏休みに学習するなど、具体的なスキルアップ項目を設定する。

| エントリーシート作成力 | 筆記試験力 |
|---|---|
| 長所・短所、成功体験、趣味 | SPI2・社会常識テスト対応力 |
| **面接力** | **グループディスカッション力** |
| 過去・未来質問など理解 | アイデア発想力・会議運営力 |

図 4-10 就職活動力 UP のシナジー・マトリックス

### 2）情報整理のシナジー・マトリックス

情報整理術や知的生産性技術に関する出版物が継続的に発行されており、潜在的なニーズが高いことを示している。例えば、Amazon.co.jp で Evernote に関連する本を検索すると、267 件(2012 年 6 月現在)という数字が表示される。Evernote は PC、iPhone、iPad などを用いてインターネット上で情報を整理できる無料ソフト（高機能・大容量の有料版もある）で急速に利用者数が拡大している。また、アナログ的な 3 色ボールペンの使い方やノート術をマスターすると、情報整理能力が大幅に向上するといわれている。

| インターネット | 読書 |
|---|---|
| 定期的にチェックするHPを厳選 | 時間・量を増やす |
| Evernote 整理術をマスター | 通勤途上でオーディオブック活用 |
| **PC** | **ペン・ノート** |
| ブラインドタッチ速度向上 | 3色ボールペンを活用 |
| アイデア発想ツールを修得・活用 | ノート術を学ぶ |

図 4-11 情報整理のシナジー・マトリックス

# 第5章　問題とは

## 1．問題の定義と特徴

　問題解決における「問題」とは何か。簡単に定義するならば「問題とは期待と現状の差」と言える。この定義づけでの「期待」とは、はっきりとゴールが定まっている状態で、「目標」と言い換えることができる。また、何か良くない事象が起こり、悪い状態に陥っているような場合には、「正常な状態（現状）と悪い状態の差」と言うこともできる。

　もっと正確に「問題」を言い表すならば、「期待と現状に差があり、かつ、期待の状態にするために乗り越えることが難しい壁がある状態」または、「正常な状態（現状）と悪い状態に差があり、かつ、正常な状態に戻すために乗り越えることが難しい壁がある状態」となる。つまり、期待と現状に差はあるが、作業や行動をすれば期待の状態に容易に持っていくことができるような場合、それは「問題」とは言わない。乗り越えることが難しい壁、つまり作業や行動を阻害する要因があり、それを解決しなければ期待の状態にはならないという場合、それが「問題」であると言える。

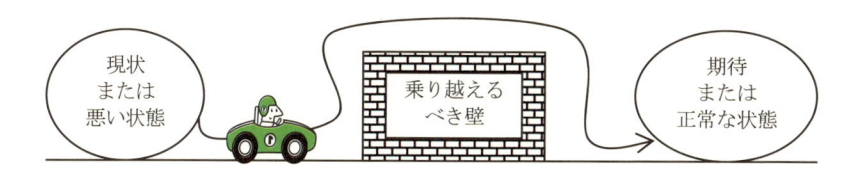

図 5-1　問題の定義

なお、問題解決における「問題」は、社会で起こる問題、会社で起こる問題、生活上で起こる問題などを示し、大学入試の試験問題や、知能テストの問題などとは区別して考える。このことから、問題解決における問題は、唯一解答ではなく、多数の解答があると考えるとよい。

### （1）問題意識

問題を解決するには「問題意識」が重要である。問題意識とは「何か問題がないか、または何か問題が発生しそうなことがらがないかを常に意識すること」を言う。誰の目にも明らかな問題（顕在的な問題）もあるが、表面に現れ難い問題（潜在的な問題）や努力して見つけ出す問題（発見的な問題）も数多くある。問題意識を持たなければ後者の発見に遅れが生じる。問題が発生してからでは、解決に時間がかかるばかりか、解決が不可能な状態になることもあるため、常に問題意識を持ち、問題発見に努めることが極めて重要である。

問題を意識し、発見して初めて、「いったい何が問題なのか」「なぜそれが問題なのか」といった具体的な事項を明確にすることができ、解決への手立てを考えられるようになる。

### （2）問題の発生の仕方

高橋誠著『問題解決手法の知識』日本経済新聞社、2001によると、問題には発生型問題と発見型問題がある。

「発生型問題」とは、天災などの予測しにくいものを指す。例えば、阪神淡路大震災や東日本大震災などの大地震はこの型といえる。しかしながら、河川の氾濫による堤防の決壊や東日本大震災による原子力発電所の問題など、天災が原因ではあっても、その予測や予防が不十分であった場合には人災と言わざるを得ず、単に発生型として片付けるわけにはいかないこともある。

「発見型問題」とは、未来を予知して見つけ出すものを指す。未来に起こる問題はすべて現在の中に隠されている。これは、（1）で述べた問題意識のある人だけが見つけられる。問題意識のない人は問題が顕在化してから気づき、問題意識のある人は潜在しているときに問題を予測し発見に至る。この差は大きい。

```
問題 ─→ 発生型   天災などの予測しにくいもの
     └→ 発見型   未来を予知して見つけ出すもの
```

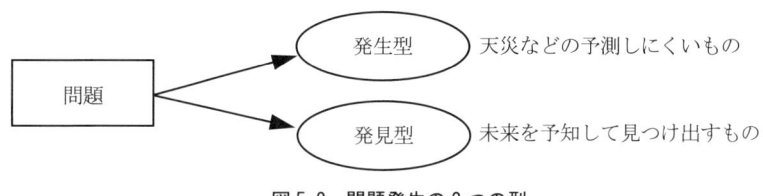

図 5-2　問題発生の 2 つの型

### （3）創造性の重要さ

1．で述べたように、問題の多くは「解答が複数ある問題」である。これを解決に導くには創造性が不可欠である。創造とは「新しいものを初めて作り出すこと」と定義される。また、「異質な情報を組み合わせ統合し、社会や個人に新しい価値を生むこと」（高橋誠著『問題解決手法の知識』より引用）とも定義付けられている。問題解決においては、問題意識を持ち、さらに固定観念を打ち破り、柔軟な発想で問題発見を心がけること、解決に向けての活動についても同様に、固定観念に縛られず、柔軟な発想で解決活動を進める必要がある。

## 2．問題の意識化と発見

### （1）問題意識の重要性

1．（1）で、問題意識とは「何か問題がないか、または何か問題が発生しそうなことがらがないかを常に意識すること」と説明した。前者は、問題を問題として認識していない、あるいは問題があることすら認識できていないときに、何か問題はないだろうかと発見の努力をすること、問題を正しく認識しようとすることを指し、後者は、問題が発生する前に、問題となりうることがらはないか、問題が発生しそうなことがらはないかを注意深く観察し、発見の努力をすることを指す。

人間は問題に気づいたとき、または問題を問題と認識できたときに初めて、その問題を解決しようという意思が生まれる。そのため、問題解決の一連の過

程において、問題意識を持つことは何よりも重要である。

### （2）問題の意識化・発見の方法

　問題意識を持っていても、必ずしも問題発見に至るとは限らない。問題意識を持つことで「何か気になることがある」「問題が起こるかもしれない」と感じられても、そこから何らかの結論が得られなければ意味がない。それは、問題の発見に至ることはもちろん、気になったことは問題にはつながらなかったという結論であってもよい。いずれにせよ、その結論を得るためには、その「気になったこと」を明確にし、状況を確認する必要がある。

　そのひとつの手法として「外化整理法」がある。問題意識をよりはっきりとさせ、問題発見に至るために、心の中だけで考えず、何らかの形で外へ出して、整理するという方法である。この外に出すという行為を「外化」と呼ぶ。具体的には、気になることがらや事象などを、キーワードや長くともキーフレーズの形で書き出し、それらを整理するというものである。そうすることにより、「なぜそれが気にかかったのか」「どのように気にかかったのか」が明確になり、問題発見に至る。

　「何か気になる」という直感は「問題意識」という面ではとても重要なことで、これを掘り下げていくことが問題発見につながることが多い。

## 3．外化整理法による問題発見

　外化整理法について、その手法を詳しく解説する。

　問題発見への行動に時間をかけられる状況であるなら、3日から1週間ほどの期間をかけて行うと、内容が客観的に整理され、より効果的である。表5-1に、手順をまとめる。

**表 5-1 外化整理法による問題発見の手順**

| |
|---|
| ①キーワードの書き出し |
| 　気にかかっていることがらに関連するキーワードを毎日、思いつく限り書き出す。 |
| ②キーワードの分類 |
| 　最終日にキーワードの分類を行う。 |
| 【ポイント】 |
| 　・複数回出てきているキーワードはその回数をカウントする。 |
| 　・同じようなキーワードはグループにする。 |
| ③キーワードの見直しと分析 |
| 　分類が終了したら、よく見直し分析する。 |
| 【ポイント】 |
| 　・複数回出てきているキーワードの回数をカウントしたことにより、何がどれほど気にかかっているかを知るきっかけとなる。 |
| 　・キーワードのグルーピングを行ったことにより、気にかかっている度合いや、整理しきれていなかった情報を得ることができる。 |

　上記のように時間をかけることが不可能である場合には、①を1時間ほどで行い、同じ手順で進めていくとよい。短い時間の中では、客観的分析にまでは至らないが、それでも問題意識が整理され効果は得られる。

　たった、3つのステップではあるが、①では発散思考を、②と③で収束思考を行っており、問題意識からより具体的に問題発見へ向けた行動となっている。なお、この発散思考、収束思考については次章で詳しく解説する。

# 第6章　問題解決の基本ステップ

## 1．問題解決の5つのステージ

　教育理学研究会著「すぐに使える問題解決法入門」によると、問題解決の過程には5つのステージ（段階）がある。これらの5つのステージはそれぞれの最終ゴールであったり、最終ゴールへ至る途中のサブゴールであったりする。これは、問題解決のゴールは、問題ごとに異なることを示している。

### （1）ステージ1：問題意識を持つまで
　このステージでは、従来からの価値観を変え、現状を無批判に受け入れるのではなく、意識改革をしながら、問題意識を持つまでを言う。このステージは、問題意識を持つことがゴールである。

### （2）ステージ2：問題を発見し、定式化するまで
　このステージでは、問題意識に基づき、さまざまな情報から問題の発見をし、その問題を明確に記述して、問題を定式化するところまでを言う。このステージは問題の定式化をやり遂げることがゴールである。

　定式化とは、問題発生の原因は何か、どのような状態になれば解決といえるのかなどを明確にすることである。以下の3つのステップで考えるとよい。

表 6-1 問題の定式化の手順

| 第1ステップ | 問題設定 | 問題を定義づける |
|---|---|---|
| 第2ステップ | 問題把握 | 問題の核心をはっきりさせる |
| 第3ステップ | 目標設定 | 解決の目標を決める。また、その評価基準を決める |

## （3）ステージ3：問題解決の案を策定するまで

　このステージでは、定式化した問題について解決の条件を考え、複数の解決案とその手順を決定する。そして、解決の条件を満たした最適な解決案を1つ策定するところまでを言う。この最適な解決案を策定する際は、直感的に決定するのではなく、論理的な考えに基づいて決定しなければならない。このステージのゴールは解決案を1つ策定することである。

## （4）ステージ4：問題解決案を実行するまで

　このステージでは、策定した解決案を実行し、実行過程をよくチェックしながら、計画通りではうまくいかないところに手を入れて（フォローアップすること）、問題解決案を完全に実行するところまでを言う。解決案を実行し、解決状態に到着するのがこのステージのゴールである。

## （5）ステージ5：問題解決を評価するまで

　このステージでは、いよいよ問題解決が終わり、実行した問題解決の結果が良かったのか、良くなかったのかの評価を行い、さらに解決後のフォローアップを行うところまでを言う。問題解決の実行結果を評価し、後始末をするのが、このステージのゴールである。

　これらのステージをよく意識し、問題解決者の自分が、今、どの段階にいるのかをはっきりと意識することで、問題解決はスムーズに進むといえる。

## 2．発想の重要性

　問題解決の過程は上記の説明の通りであるが、どれをとっても、発想力が必要である。特に、ステージ2「問題の定式化」、ステージ3「解決案の策定」には不可欠といえる

## （1）個人発想のステップ

何か問題を持った場合、まずは個人で考えてみることが必要である。以下に、個人発想のステップをまとめる。これは、ステージ2においても3においても使える基本のステップ[2]である。

---

①準備（熟考）

問題について情報を集め、徹底的に考え、いろいろな角度から分析する。

②あたため

頭の中に、考えなければいけないことを持っている状態のとき、他のことをしながらもそのことを考えていたりする。また、自分ではまったく考えていないと思っていても、脳の中にある他の情報や考えと結びつきヒラメキにつながることがある。この状態（時間）を「あたため」ということができる。①の準備がされていれば、無意識にこの状態になる。

③ヒラメキ

②の状態でいると、あるときパッとヒラメク。つまり、②のあたためを経たことにより、脳の中にある情報や外的な要因で得た情報などとパッと結びつき、良い案が浮かんだりするのである（三上・三中でヒラメキ易い）。

④検証

そして、最後は検証。最初の発想は思い付きであるため、それが本当に使える案であるのか、良いところ、改善すべきところはどこかなどをじっくり検証することが必要である。

---

上記が典型的な個人発想のステップである。徹底して「熟考」を行い、その結果を「あたため」「ヒラメキ」につなげる。そして、出したアイデアをじっくり「検証」するといった心がけが重要である。

## （2）集団発想のステップ

集団発想において、重要なのは「合議であること」である。そのためには、

---

[2] [33]を参考に作成

徹底的にアイデアを出し合い、話し合い、結論を導かなければならない。

ステージ2「問題定式化」では「事実データ」を集め、その事実をもとに、時に推測を交えながら原因探しをする必要がある。この際、あくまでも中心となるデータは「事実」である。そのため、丁寧に分析することが重要である。

ステージ3「解決案の策定」では「着想データ」が中心となる。つまり、アイデアが中心である。アイデアは実際の事実に立脚したものもあるが、同様に空想や夢、インスピレーションといった事実とは離れたものも多くある。時には、大胆な発想や突拍子もない発想が必要となる。加えて、それらを論理的に現実のものへとまとめることも重要である。

## 3．発散思考と収束思考

### （1）2つの思考法

問題解決を行う場合には、私たちは2つの思考法を用いている。例えば、ステージ2「問題の定式化」では、その問題に関連する事実は何かを考え出す思考と、次にその事実データからどこがポイントであるかを探し出す思考がある。また、ステージ3「解決案の策定」では、解決のためのアイデアを出す思考と、それらをまとめ解決の条件にあっている案に決定する思考がある。双方とも、前者が発散的思考であり、後者が収束的思考であるといえる。この2つの思考を行ううえでの大前提は「発散のときは発散のみ、収束のときは収束のみ」である。

表 6-2 発散思考と収束思考

| ステージ | 行動 | 思考法 |
| --- | --- | --- |
| 2「問題の定式化」 | 問題に関連する事実を考える | 発散思考 |
|  | 事実データからポイントを探す | 収束思考 |
| 3「解決案の策定」 | 解決のためのアイデアを出す | 発散思考 |
|  | 諸条件にあった解決案に決定する | 収束思考 |

## （2）人間の頭の働き[3]

米国の著名な心理学者J・P・ギルフォードの知能構造モデルでは、頭の働き（ギルフォードはこれを「操作」と名づけている）を、①認知、②記憶、③発散的思考、④収束的思考、⑤評価の5つに分けている。

「認知」とは、感覚器官によって認識することを指し、「記憶」は認知されたものを保持しておくことを指す。そして、この記憶などをもとにして、私たちは思考を行う。それらの働きが「発散的思考」「収束的思考」「評価」とされている。

問題解決における「発散的思考」とは、試行錯誤的に問題に対して多種多様な解決案を生み出すことであり、「収束的思考」とは正しい答をもたらす働き、つまり解決策へまとめることである。そして、「評価」とは、その名の通りで、正しいか、適しているかなどについて判断し、決定する働きのことを指す。

## （3）発散思考のルール

発散思考には5つのルールがある。これは、第7章で解説するブレーンストーミング法の4つの規則に通ずるものがある。

表6-3 発散思考の5つのルール[4]

| ルール | 説明 |
| --- | --- |
| ①判断禁止 | 良い悪いの判断をしない |
| ②自由奔放 | 何を考えても許される |
| ③大量発想 | ともかくアイデアを大量に出す |
| ④多角発想 | 広い角度から発想する |
| ⑤結合発展 | アイデアを組み合わせて考える |

発散思考を行うためには、事実情報を集めなくてはならない。その際には、問題をいろいろな角度から見つめ情報を集めること、直接関係のあることだけではなく「何か気にかかる」程度の間接的なものまで幅広く集める必要がある。

---

[3] [33]を参考に作成
[4] 同上

また、自分の中にある知識（内部知識）だけでなく、ありとあらゆる情報源、例えば、新聞、雑誌、テレビ、ラジオ、インターネットといったメディアからの情報（外部知識）を集めなくてはならない。

それらの情報をもととし、たくさんのアイデアを出すのが発散思考である。

### （4）収束思考のルール

発散思考と同じく、収束思考にも5つのルールがある。発散思考で得たアイデアを無駄にしないために、肯定的に、慎重に、かつ目標に向かって良いアイデアにしていくということに重きを置いている。

表 6-4 収束思考の5つのルール[5]

| ルール | 説明 |
| --- | --- |
| ①肯定的であれ | アイデアを肯定的に捉え、良いところに目を向ける |
| ②慎重にせよ | すべてのアイデアを公平に慎重に検討する |
| ③目標をチェックせよ | 目標を達成できるかを検討する |
| ④改良せよ | アイデアを改良する |
| ⑤新しさを考慮せよ | 新規性を考慮する |

## 4．発散技法と収束技法

### （1）発散技法

発散思考を用いて事実やアイデアを出すための思考法を発散技法という。発散技法は大きく次の3つに分けられる。

```
                ┌─ 自由連想法    思いつくままに発想する
   発散技法 ─────┼─ 強制連想法    各種のヒントに強制的に結び付けて発想
                └─ 類比連想法    テーマの本質に似たものをヒントに発想
```

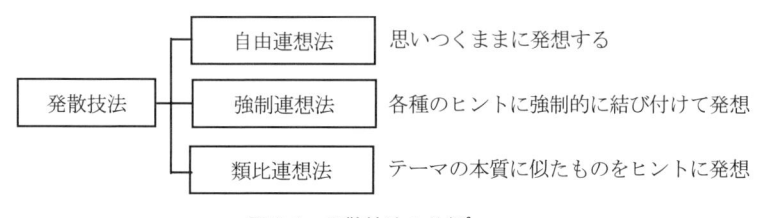

図 6-1 発散技法の分類[6]

---

[5] [67]を参考に作成
[6] [33]を参考に作成

[1] [33]を参考に作成

　あるテーマについて、何の制限もなく、思いつくままに次々とアイデアを出す方法を自由連想法という。その代表的な手法は第7章で紹介するブレーンストーミング法である。

　一方、あるテーマについて、何らかの特定の考えるべき方向を決めてアイデアを出す方法を強制連想法という、各種のヒント（条件）を決め、そこに結びつくものだけを発想するという手法である。代表的な手法は第8章で紹介するチェックリスト法である。

　最後に、類比連想法は強制連想法をもっと徹底させた手法である。強制連想法では、考える方向のヒント（条件）は何でもよいが、類比発想法では、名が表すとおり「テーマの本質に似たものをヒントにする」という決まりがある。第10章で紹介するNM法がその代表である。

## （2）収束技法

　発散思考で出した事実やアイデアをまとめあげる技法を収束技法という。収束技法は大きく2つの型に分けることができ、さらにそれらを2つに分類することができる。

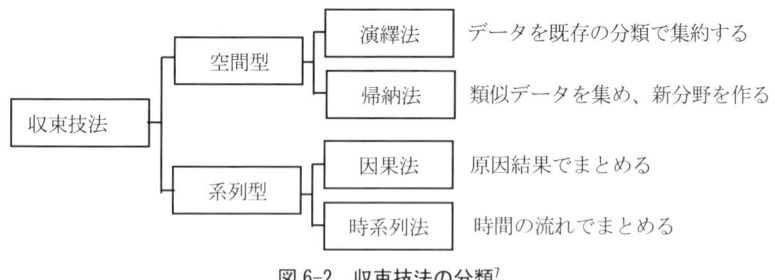

```
収束技法 ─┬─ 空間型 ─┬─ 演繹法    データを既存の分類で集約する
         │         └─ 帰納法    類似データを集め、新分野を作る
         └─ 系列型 ─┬─ 因果法    原因結果でまとめる
                   └─ 時系列法  時間の流れでまとめる
```

図6-2　収束技法の分類[7]

　「空間型」とは発散技法で集めた情報やアイデアを「内容の同一性」で集め、整理する手法である。演繹とは「原則から特定の事実を推し量る」考え方であり、帰納とは「具体的事実から原則を導き出す」という考え方である。問題解

[7] [33]を参考に作成

決での空間型演繹法は「情報やアイデアを決まった分類によって集めるやり方」となり、帰納法は「情報を似たものどうしで集め、新しい分類を作り出すやり方」となる。問題解決では、帰納法を多く使う。代表的な手法としては第9章で紹介する親和図法がある。

「系列型」とは、情報やアイデアを流れ（フロー）に沿って整理する方法である。その系列を因果（原因と結果）でまとめたものが因果法、時間の流れでまとめたものが時系列法となる。因果法の代表は第11章で紹介する特性要因図法、時系列法の代表（因果法の要素も含まれているが）は、第12章で紹介するストーリー法である。

---

**知的生産技術メモ2：時間管理**

　知的生産技術の要素として時間管理・スケジュール管理は非常に重要である。例えば、
・最短の時間で情報を処理しているか？
・計画的に業務を遂行しているか？
・移動時間や通勤時間のスキマ時間を管理しているか？
などが挙げられる。時間管理の基本ツールは、手帳・カレンダー・ToDoリストなどがある。手帳や週間計画表を使って「今週の予定と先週の実績を管理」したり、日々の予定を確認しながら漏れなく効率的に業務をこなしていく。また、締め切りのある仕事（タスク）はToDoリストに登録して絶えずチェックする必要がある。

　手帳では能率手帳、「超」整理手帳、ほぼ日手帳、システム手帳などを使った経験があるが、最近は能率手帳とGoogleカレンダーを使うようになった。GoogleカレンダーはPC、iPad、iPhoneなどで同じ内容を確認できるので非常に便利である。複数の人間でGoogleカレンダーを共有すれば、チームのスケジュール管理にも使うことができる。

　ToDoに関しては、自作のiPhoneアプリを使用している。また、週間日誌に関しては、Wordで自作した先週の実績と今週の実績をA4サイズで一覧できるものを活用している。この資料を1年分集めて冊子にすると、自分の業務のノウハウ集として活用できる。

# 第7章　ブレーンストーミング

## 1．発散技法の母"ブレーンストーミング"とは

　ブレーンストーミング（以下、BSと記す）は発散技法の母とよばれるほど代表的な手法であり、現在はあらゆる業種、業界でのディスカッションに用いられている。
　BSは集団（数人のメンバーで1つのグループを形成する）で行うことを基本とした、発想を活性化する一種の場である。BSでは、グループのメンバーからいろいろな刺激を受け、またメンバーにいろいろな刺激を与えつつ、実にさまざまな発想をすることが重要である。そのため、4つの明確なルールが設けられている。

## 2．ルールと進め方

### （1）4つのルール
　表7-1にBSの4つのルールをまとめる。
　また、BSを進める上で一番重要なことは「テーマを意識する」ことである。常に、テーマを意識し、テーマに関するアイデアを出すようにしなければならない。4つのルールに「批判厳禁」「自由奔放」があるとはいえ、テーマから逸脱したり、テーマを無視してはならない。

表 7-1 BS の 4 つのルール

| ルール | 説明 |
|---|---|
| ①批判厳禁 | 人の発言やアイデアを批判してはいけない<br>リラックスしてアイデアをどんどん出せるように、また、そこからの連想で新しいアイデアが出しやすいように、他人の発言やアイデアを批判することを禁止している。 |
| ②自由奔放 | 何を言っても許される<br>どのようなことであっても新しいアイデアを引き出す要因になるとの考え方から、ヘンかなと躊躇するようなことでも、また、自信のないようなことであっても、自由に発言することを勧めている。 |
| ③質より量 | 量が質を生む<br>ともかくアイデアを大量に出すことで、そこから良いアイデアを選べるようになるという考えのもと、どんなことでもよいので、より多くの数を出すことを重要視している。 |
| ④結合改善 | 他人の尻馬にのる<br>すでに出されたアイデアを組み合わせたり、少し見方を変えるなどして、新しいアイデアを生み出すことを勧めている。 |

## （2）BSの進め方

BSの手順は以下の通りである。

| |
|---|
| ①メンバー集め<br>　メンバーは5～8名くらいが望ましい。また、そのテーマの専門家ばかりにならないように注意する。専門家の意見も重要であるが、自由で新しい発想を入れるためには、専門家の人数は多くならないほうが望ましい。 |
| ②アイデアを記録するための用紙、ホワイトボードを用意<br>　用紙を使用する場合は、大きな紙に全員が見えるように書くことが望ましい。また、この用紙を囲んでBSができるような広い机か、机のセッティングに工夫が必要である。ホワイトボードを使用する場合には、全員がボードを見られるように工夫する。記入方法の例については図7-1を参照のこと。 |
| ③リーダー（議長）を決定<br>　乗せ上手な人、会議の方向付けに注意を払える人が望ましい。 |
| ④書記を決定<br>　どんどん出てくるアイデアのポイントを押さえて書ける人が望ましい。 |
| ⑤自由に発言し合い、すべてを記録<br>　アイデアには番号を振り、すべてを記載する。記載事項がたまってきた場合などは、メンバーが少し時間を置く、代わりに記載するなどの工夫をし、記載漏れのないように努める。 |
| ⑥制限時間の決定<br>　あまり長い時間をかけても成果は上がらないため、BSに費やす時間を先に決定する。極力1時間以内になるようにし、それ以上になる場合には、適宜休憩をとりリフレッシュするようにする。 |

第 7 章　ブレーンストーミング　47

|  | 実施日：　　年　　月　　日 |
|---|---|
|  | 参加者： |
|  | テーマ「　　　　　　　　　　　」 |
| 1. | 11. |
| 2. | 12. |
| 3. | 13. |
| 4. | 14. |
| 5. | 15. |
| 6. | 16. |
| 7. | 17. |
| 8. | 18. |
| 9. | 19. |
| 10. | 20. |

図 7-1　記入用紙またはホワイトボードへの記入方法の例[8]

---

**知的生産技術メモ 3：情報の部品化と再利用**

　社会人になって 1 年目に、同僚が尊敬する先輩のマネをして自分の 1 年分の仕事を立派な冊子にしたのを見せてくれたことがある。業務報告や独自調査報告を様式を決めておけば、自分の仕事のノウハウ集として活用できる。それ以来、筆者も自分の仕事を冊子にすべく情報の規格化を継続している。自分の集めた情報を海外スタッフの教育テキストの一部として英文化して活用したこともある。最近では、すべての情報は A4 で管理するようにしている。

　企画マン、コンサルタント、システムエンジニアなどは、ドキュメントの部品化と再利用が業務の生産性に大きく影響するので、日頃から情報の部品化を心掛けているはずである。

---

[8] [33]を参考に作成

## 3．カード BS 法

　BS の発展系としてカード BS 法という手法もある。ルールは BS と同じであるが、アイデアの記録を図 7-1 のような用紙またはホワイトボードにするのではなく、カード（京大式カードや付箋など）に記入するという方式である。アイデアを発表したら、自分自身でカードに記入し、全員の見えるところに置く（または貼る）。模造紙などを用意し、そこに置いていくのが望ましい。また、1 つのカードに 1 つのアイデアを書くというルールが設けられている。

　カード BS 法の利点は、書記を置く必要がなく、アイデアの書き漏れが起こらないこと、BS 後の収束思考（収束技法）が進めやすくなることが挙げられる。例えば、アイデアを類似したものでまとめる際など、カードを動かしてグルーピングができるので、目で見てわかりやすく、かつ書き直す必要がないという利点がある。

　カード BS 法の欠点は、自分でアイデアをカードに記入するため、アイデアを発表することを忘れたまま記入したり、他のメンバーの意見を聞き逃した場合に即座に結合改善に至らないことなどが挙げられる。

## 4．BS の例

　ここでは、「がっちりマンデー」「ルソンの壺」、その他付加情報から「儲けに関するアイデア」を抽出し、「儲けの構造」というテーマで BS をおこなった結果を図 7-2 に示す。

　思考発散のプロセスは思考発散が終了すれば目標を達成している。この状態で BS は終了している。この後、収束技法を用いて、アイデアをまとめるプロセスに入る。

第7章 ブレーンストーミング　49

実施日：20**年 **月 **日
参加者：A、B、C、D、E

テーマ「　　　儲けの構造　　　」

1. イン・ザ・ムードは直接料理のできる和食器で売上増になった
2. モロゾフは顧客ニーズを徹底的に調査してこだわりチョコで成長した
3. アイリスオーヤマは顧客ニーズを満たす商品でホームセンターの主役になった
4. サンコーはアイデア商品（家庭用品）で売上増になった
5. モノタロウは工具のネット販売（120万点）で売上増につながった
6. AKBやスマホなど売れているものにうまく乗っかった商品がある（コバンザメ商法）
7. アキュラホームはムダ排除で安くて良いデザインの家を提供している
8. ユニクロは徹底した調達で安くて豊富な商品を販売している
9. スシローは安くておいしい食材を大量に仕入れて成功している
10. スーパーホテルは無駄排除で安くて快眠できる、高満足度のサービスを提供して成功している
11. 学研はマニアックな社員がマニアックなアイデア図鑑を出版して成功している
12. ワタミは若者向けの居酒屋で確立したおいしい料理を老人ホームで提供して事業を拡大している
13. Radish Boy は無農薬でおいしい野菜の宅配で成功している
14. 銀の皿や釜寅の REX は食事の宅配で成功している
15. いずみ鉄道はマニアックな鉄道ファンを取り込み儲かり路線になった
16. マンダラケはオタク向けの中古買取販売で成長している
17. タケモトピアノは中古ピアノの海外販売で成長している
18. 夜の儲かり戦略として、クリーニング、トラックの修理、畳の修理などで成功している

図 7-2　記入用紙またはホワイトボードへの記入方法の例

# 第8章　オズボーンのチェックリスト法

## 1．チェックリスト法とは

　チェックリスト法は発散技法の強制連想法の1つである。しかしながら、この項目でチェックしなければならないという決まったものはなく、その都度必要となるチェック項目を自ら考え、抜け落ちのないようにチェックしていくということが本質である。そもそもチェックリストというものはそういったものである。例えば、旅行の持ち物チェックリストなどはその代表である。チェックする項目について、きちんと準備ができたかということをチェックしている。
　一般的にチェックリストは、ミスを起こさないための「消極的」なものが主体であるが、問題解決においては、新しい視点を探す「積極的」チェックリストが存在する。積極的チェックリストとは新しい発想を見つけるために用いられるものと考えるとよい。本章ではその代表的な「オズボーンの9チェックリスト」を紹介する。
　発想のためのチェックリストは、最終的に自分に最も合ったものをつくるべきである。オズボーンの9チェックリストのように既存のものを知り、さらに自分自身が発想するときに用いる考え方をすべて洗い出した上で、自分にあった思考のチェックリストをつくるとよい。

## 2．オズボーンの9チェックリスト

### (1) 9つのチェック項目
　オズボーンの9つのチェック項目とその内容を表8-1にまとめる。

表8-1 オズボーンの9チェックリスト[9]

| 項目 | 説　明 | 英語 |
|---|---|---|
| ① 代用 | 人、物、材料、製法、動力、場所に他の物を使えないか？ | Substitute? |
| ② 逆転 | 反転、前後、左右、役割を逆にしたら？ | Reverse? |
| ③ 結合 | ユニットを、目的をアイデアを組み合わせたら？ブレンド、合金してみたら？ | Combine? |
| ④ 応用 | 何か似たものはないか？何かのマネはできないか？ | Adapt? |
| ⑤ 転用 | そのままで他の用途はないか？改造して他の使い道はないか？ | Put to other uses? |
| ⑥ 拡大 | 時間、頻度、強度、高さ、長さ、価値、材料、などを大きくしてみては？ | Magnify? |
| ⑦ 縮小 | 材料、濃度、高さ、重さなどを小さくしてみては？省略、分割などしてみたら？ | Minify? |
| ⑧ 変更 | 意味、色、動き、音、匂い、様式、型を変化させてはどうか？ | Modify? |
| ⑨ 再配列 | 要素を、型を、レイアウトを、順序を、因果を、ベースを並べ替えたら？ | Rearrange? |

## （2）オズボーンの9チェックリストの覚え方例

　オズボーンの9チェックリストの覚え方として代表的なSCAMPERと「だ さくにたおち」を紹介する。

表8-2 オズボーンの9チェックリストの覚え方例[10]

| SCAMPER | だ さく 似 たおち(星野匡氏) |
|---|---|
| Substitute? = 他の物を使えないか（代用）<br>Combine? = 組み合わせたら<br>Adapt? = 似たものはないか<br>Modify? Magnify? Minify?<br>　　= 変化させたら、大きくしたら、小さくしたら<br>Put to other uses? = 他の用途は<br>(Eliminate? = 除いたら)<br>Reverse? Rearrange? = 逆にしたら、並べ替えたら | だ = 代用できないか<br>さ = さかさまにしたら<br>く = 組み合わせたら<br>似 = 似たものはないか<br>た = 他の用途はないか<br>お = 大きくしたら<br>ち = 小さくしたら<br>（＋変更、再配列） |

---

[9] [11]を参考に作成
[10] [47]を参考に作成

## 3．実社会の例

　オズボーンの9チェックリストは商品開発に適用されることが多い。実社会でヒットしている商品に照らし合わせ、9つの項目に当てはまる例を挙げる。[11]

### （1）代用 "他の物を使えないか？ Substitute?"
- バンダイ「たまごっち」はペットの玩具化という発想が原点に
- スギヨが開発したカニ風味かまぼこは、フェイク食品といわれながらも人気商品に
- 1990年に発売した本田技研工業「NSX」は部品・部材をアルミニウム化

### （2）逆転 "逆にしたら？ Reverse?"
- 冷蔵庫は左右どちらからも開く観音開きタイプが好評
- モスフードサービスは「高付加価値」「路地裏出店」と日本マクドナルドの逆を行く戦略
- ぺんてる「ハイブリッドミルキー」は"黒い紙に白い文字"という逆転の発想

### （3）結合 "組み合わせたら？ Combine?"
- 家電分野では「留守番電話機能付きファックス電話」「スキャナ、ファックス一体型プリンタ」など、機能を組み合わせた製品が人気
- アトラス「プリント倶楽部」はデジカメとプリンタの組み合わせによる発想から開発
- トヨタ自動車はエンジンと電動を組み合わせたハイブリッドカー「プリウス」を開発

---

[11] [47]を参考に作成

## （4）応用 "似たものはないか？ Adapt?"
- センサーやロボットの開発は、動物の生態をモデルに研究
- ヤマハ発動機の電動補助自転車「パス」は、かつての原動機付自転車の現代版
- ドトールコーヒーは欧州の立ち飲みコーヒーショップをモデルに店舗開発

## （5）転用 "他の用途はないか？ Put to other uses?"
- 3Mは開発に失敗した接着剤を利用して、「ポスト・イット」（付箋）を開発
- ライオンは筋肉疲労用のシップを"アシの冷却用"として「休息時間」を商品化
- 大塚製薬は医療用点滴液をスポーツ飲料に転用して「ポカリスエット」を商品化、よってポカリスエットは他のスポーツ飲料とは効能が異なる

## （6）拡大 "大きくしたら？ Magnify?"
- 家庭用テレビ画面はワイド化、冷蔵庫は大容量化の方向に
- 缶飲料やペットボトル飲料は、価格据え置きの増量タイプで割安感を訴求
- 江崎グリコは人気菓子「ポッキー」「プリッツ」などを巨大化した商品を開発

## （7）縮小 "小さくしたら？ Minify?"
- ロッテチョコレート「ゼロ」は糖分を徹底排除してヒット商品に
- 花王「アタック」は洗剤のコンパクト化と新酵素の導入で市場を塗り替えた
- 日光の「東武ワールドスクェア」は世界の街をミニチュア化して大盛況

## (8) 変更 "変化させたら？ Modify?"

- キリンビバレッジの栄養補助飲料「サプリ」は適度な甘さでヒット
- 日清食品「チキンラーメン」は、味や風味、形状のリニューアルを重ねて長寿商品に
- 資生堂化粧品は機能性重視の新製品が相次ぐ中、光る素材と色などで話題に

## (9) 再配列 "並べ変えたら？ Rearrange?"

- シャープ「液晶ビューカム」はビデオカメラのファインダーを液晶パネルに取り替えた
- 音楽市場ではこれまでに発売した楽曲をまとめたベストアルバムがヒット
- 日立製作所の冷蔵庫「野菜中心蔵」は野菜ボックスを中央に設置してヒット

---

**知的生産技術メモ4：短時間睡眠**

　受験生や災害救援隊、兵士などにとって睡眠時間を極限まで短縮しなければならない場合がある。ただ、慢性的な短時間睡眠の習慣は不眠症などの睡眠障害を引き起こすので気をつけなければならない。遠藤拓郎著『4時間半睡眠法』フォレスト出版、2009年や掘忠雄著『快適睡眠のすすめ』岩波新書、2000年などによると、「4.5時間」が短時間睡眠の限界のようだ。深い眠りとレム睡眠など自分の睡眠サイクルを理解して、浅い眠りになる4.5時間後に起床すると、スッキリした気分で過ごせるという。ただし、週末には7.5時間の睡眠を取るのがよい。また、15時頃に15分の仮眠を取るのも効果的である（筆者は分割睡眠派［3時間×2回］であるが、2回目の睡眠時は味の素のグリナを服用している）。

　蛇足ながら、1994年のNHKの調査によると、日本人の平均睡眠時間は7.6時間で世界で一番短い。アメリカで8.3時間、イギリスで8.5時間、韓国では7.9時間である。一方、レオナルド・ダ・ビンチは眠らなかった言われるが、実際には4時間ごとに15分の睡眠を取っていたという説がある。理論的な裏付けはなく、真似しない方がよいと思う。

# 第9章　NM法

## 1．NM法とは

　NM法は明確な手順をもつ類比発想法である。創造工学研究所所長の中山正和氏が考案した手法で、氏のイニシャルからNM法という名称がついている。

　NM法では、テーマからキーワードを設定し、発想のための類比を見つけ、そこからアイデアを発想していく。手順がわかりやすく、アイデアを膨らませやすいため、新商品や新技術開発によく使われる。また、NM法には用途に合わせて、H型（hardware）、T型（開発者の高橋浩氏の頭文字）、A型（Area）、S型（Serial）、D型（Discover）のバリエーションがある。

　なお、主に発明（新商品開発や新技術開発）に使用されるものであるため、問題解決の場面での使用が難しいことがある。手法として使用するより、考え方の訓練として使用するとよい。

## 2．人脳コンピュータ

　「創造とは、異質なものを組み合わせて、新しいはたらきを作ることだ[12]」とよく言われる。調査や学習を行うと、連続したコトバとしての情報の蓄積が行われ、時間の経過と共に連続した情報が切れ切れになっていく。そしてあるとき、ヒラメキや連想によって異質な情報が組み合わされて創造的な情報として生み出される。このようなメカニズムを中山正和氏は人脳コンピュータ（HBC:Human Brain Computer）モデルとして解明しようと試みた。

---

[12] [43]より引用

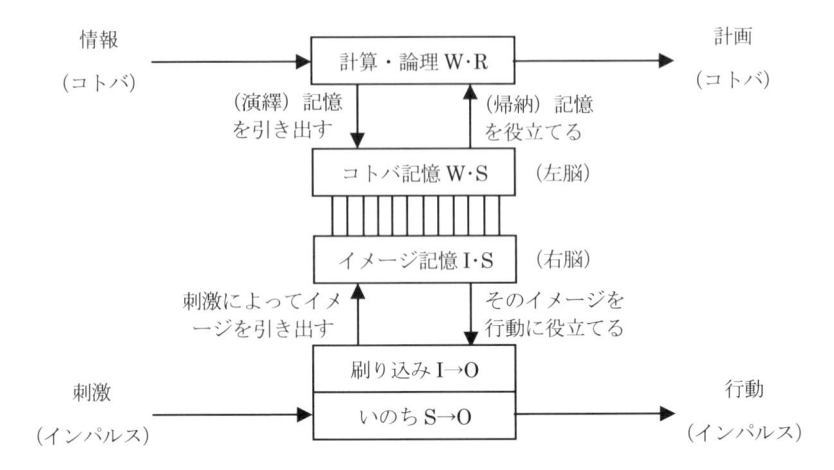

```
          情報                  計算・論理 W・R              計画
         (コトバ)                                        (コトバ)
                    (演繹) 記憶      (帰納) 記憶
                       を引き出す       を役立てる
                         コトバ記憶 W・S    (左脳)

                         イメージ記憶 I・S   (右脳)
                    刺激によってイメ    そのイメージを
                       ージを引き出す       行動に役立てる
                         刷り込み I→O
          刺激                                           行動
       (インパルス)            いのち S→O             (インパルス)
```

W・R:Word・Retrieval、W・S:Word・Storage、I・S:Image Storage
I→O:Inprinting→Output、S→O:Stimulus→Output

**図 9-1 人脳コンピュータ (HBC)[13]**

　人脳コンピュータ (HBC) モデルは、コトバの情報を受け取ってコトバ記憶として保存し、課題としてのコトバを受け取ったときにコトバ記憶を検索して蓄積された記憶を役立てる。コトバ記憶の各要素はイメージを持っており、イメージ記憶に蓄積されている。また、外部からの刺激は「いのち」「刷り込み」を通じてイメージ記憶に蓄積され、解決しなければならない刺激を受け取るとイメージ記憶を検索してそのイメージを行動に役立てることができる。

　創造の行われる過程は大きく分けると3つある。これらを HBC モデルを用いて説明したい。

## （1）理詰めのアプローチ

　これは言語検索 (W・R) によって分析に基づくイメージを広げていってアイデアを導き出すアプローチである。知識を増やし、分析を続けることでいつかはアイデアにたどり着くことができるというものである（図 9-2 参照）。

---

[13] [42]、[43]を参考に作成

第 9 章　NM法　57

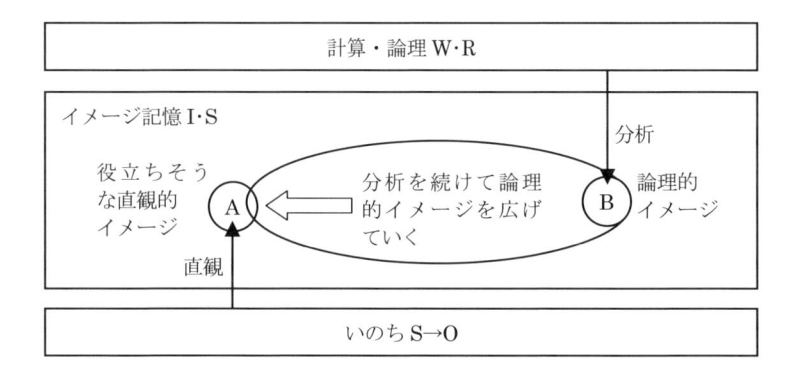

図 9-2 理詰めのアプローチ[14]

## （2）NM法的アプローチ

　論理的イメージと直観的イメージの橋渡しをするようなイメージにぶつかることができればよいという発想で、両者に共通な「本質」（KW: Keyword）を手がかりにアナロジーというイメージを使う。

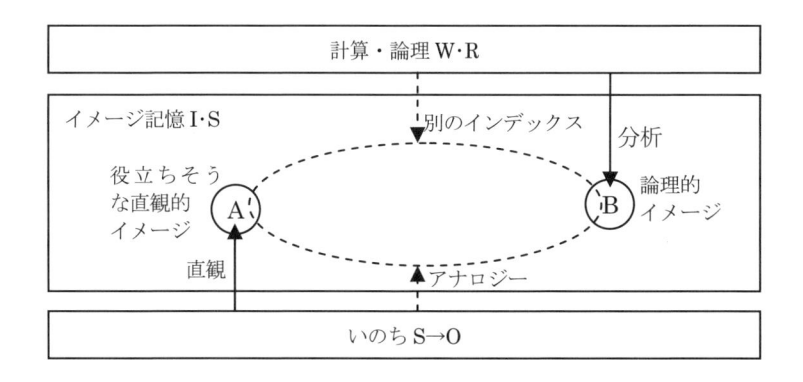

図 9-3 NM 法的アプローチ[15]

---

[14] [43]を参考に作成
[15] 同上

### （3）三上・三中のアプローチ

それでも問題が解けないときは、いったん思考を停止してアイデアがやって来るのを待つというものである。すなわち、「あたため」という期間を置いて「アイデアがポンと出てくる」のを待つのである。

## 3．NM法の進め方

NM法は、以下の方法でアイデア発想をしていく。アイデアを膨らませるためにも、類似のものに対し、こじつけてでも考えるということが大切である。そうすれば、強制的に出されたアイデアの中から、いいものを見つけることができる。

なお、多くの書籍では、以下に示している手法の②から⑤の4ステップだけが紹介されることも多いが、問題解決に用いる場合には、①と⑥を加え、6つのステップで考えるほうがよい。

| |
|---|
| ①課題を設定する |
| 　テーマを提示し、説明する。 |
| ②キーワードの決定 |
| 　テーマに対するキーワードを決める（Keyword：KW）。 |
| ③類比発想 |
| 　キーワードから類似を探す（Question Analogy：QA）。 |
| ④QAの背景探索 |
| 　その類似の構造やしくみを調査する（Question Background：QB）。 |
| ⑤アイデア発想 |
| 　構造やしくみからヒントを得てアイデアを創造する（Question Conception：QC）。 |
| ⑥解決案のまとめ |
| 　多角的にQCを眺め、解決案にまとめる。 |

## 4．NM法の例

ここでは、「iPhone 用英単語学習アプリ」を開発するというテーマで NM法を使ってアイデア発想し、開発テーマの発掘を行っている。

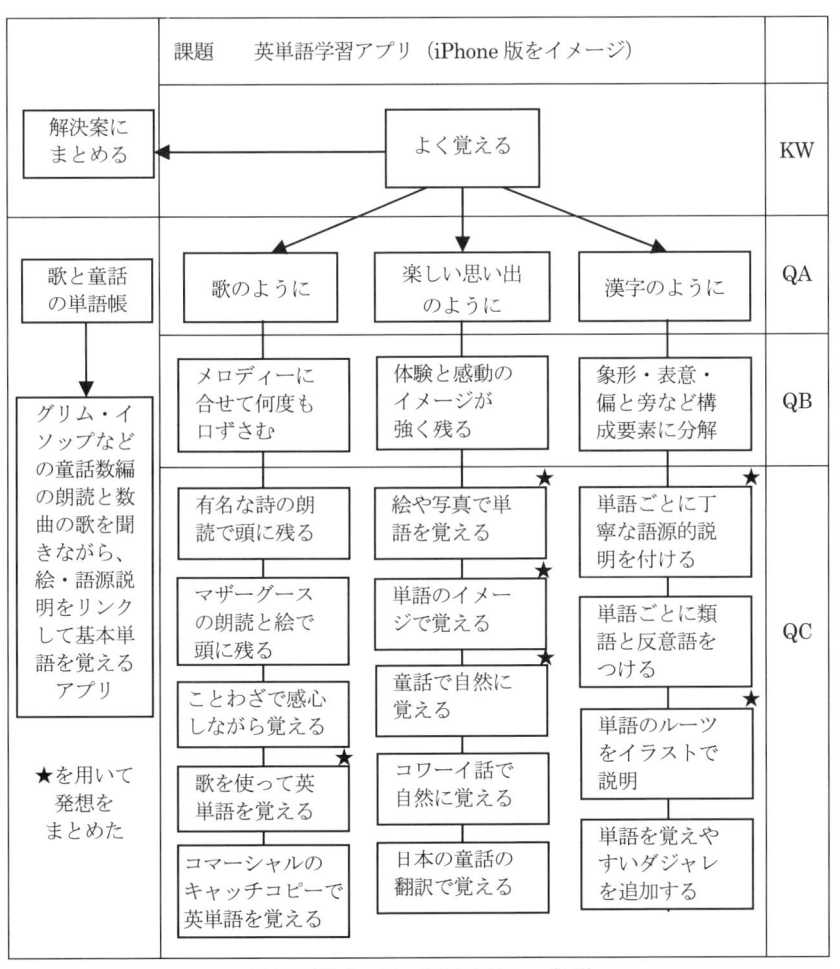

| | 課題　英単語学習アプリ（iPhone 版をイメージ） | | | | |
|---|---|---|---|---|---|
| 解決案にまとめる | よく覚える | | | | KW |
| 歌と童話の単語帳 | 歌のように | 楽しい思い出のように | 漢字のように | | QA |
| | メロディーに合せて何度も口ずさむ | 体験と感動のイメージが強く残る | 象形・表意・偏と旁など構成要素に分解 | | QB |
| グリム・イソップなどの童話数編の朗読と数曲の歌を聞きながら、絵・語源説明をリンクして基本単語を覚えるアプリ | 有名な詩の朗読で頭に残る | 絵や写真で単語を覚える ★ | 単語ごとに丁寧な語源的説明を付ける ★ | | QC |
| | マザーグースの朗読と絵で頭に残る | 単語のイメージで覚える | 単語ごとに類語と反意語をつける | | |
| | ことわざで感心しながら覚える | 童話で自然に覚える | 単語のルーツをイラストで説明 ★ | | |
| ★を用いて発想をまとめた | 歌を使って英単語を覚える ★ | コワーイ話で自然に覚える | 単語を覚えやすいダジャレを追加する | | |
| | コマーシャルのキャッチコピーで英単語を覚える | 日本の童話の翻訳で覚える | | | |

**図 9-4 NM 法の例：英単語学習アプリ**[16]

---

[16] [33]を参考に作成

# 第１０章　親和図法

## １．親和図法とは

　親和図法は収束技法の代表的な手法である。文化人類学者の川喜田二郎氏（東京工業大学名誉教授）が現地調査の研究結果をまとめるために考案した KJ 法を起源としている。親和図法は収束技法であるので、その元となるデータや情報は発散技法にて出し、それをまとめるために用いる。親和図法を用いて情報を分類したり、まとめる作業をするには、発散プロセスを第 7 章で紹介したカード BS 法で行っているとやりやすい。

　親和図法は、さまざまなデータや情報、アイデアが記入されたカードを、データの持つ意味をよく考え、それらの相互の親和性によりまとめた図を作ることにより、全体像やその関係性を捉えるための手法である。親和図法は新 QC7 つ道具の 1 つとして数えられ、問題解決を含め、現在は広く用いられるようになっている。親和図法を用いることにより、ステージ 2「問題の定式化」、ステージ 3「解決案の策定」において、問題に関する情報を整理し本質を的確に捉えることができる。

## ２．親和図法の進め方

　親和図法を進める前に、カード BS 法などを用いて、1 カードに 1 アイデアを書いたものが必要である。つまり、収束思考は発散思考の後にそれをまとめる手法であることを理解しておかなければならない。これはどの収束技法でも同様である。

　以下は、親和図法の手順をまとめたものである。前提として、1 カードに 1 アイデアが書かれたものが存在することとしている。また、カードを貼るため

の模造紙か大きな紙、またはホワイトボードを用意しておくとよい。

| |
|---|
| ①カードをまとめる<br>　本質の似ているカードや親和性の高いもの、1つのグループとしてまとめられそうなものを集める。これを小グループと呼ぶ。また、まとめきれないものは無理に一緒にせず、単独のカードとして残してよい。 |
| ②各グループにタイトルをつける<br>　タイトルをつける際には以下のことに注意する。<br>　　・グループの内容を表したタイトルをつける<br>　　・簡潔な表現にする |
| ③グルーピングを大きくしていく<br>　小グループ同士の関連性や親和性を見て、いくつか合わせて中グループにまとめ、それらにタイトルをつける。さらに、中グループをいくつかでまとめ、大グループにしてタイトルをつける。ただし、中グループや大グループに入らないものは無理に入れる必要はない。 |
| ④作図・空間配置を行う<br>　出来上がったいくつかの大グループ、まとめきれなかった中小グループや単独カードを、親和性を重視して模造紙またはホワイトボードにレイアウトする。このとき、最も重要だと思うグループを中央に配置する。 |
| ⑤重要点、気づいたことを記入する<br>　グループごとに囲んだり、さらにグループの大きなまとまりをつけたり、グループ間の関係を矢印で結んだり、補足説明などを書き加える。 |

## 3．親和図法の例

　ここでは、「がっちりマンデー」「ルソンの壺」、その他付加情報から「儲けの構造」を抽出して整理してみたい（この例は筆者の独自の判断でまとめたものである）。

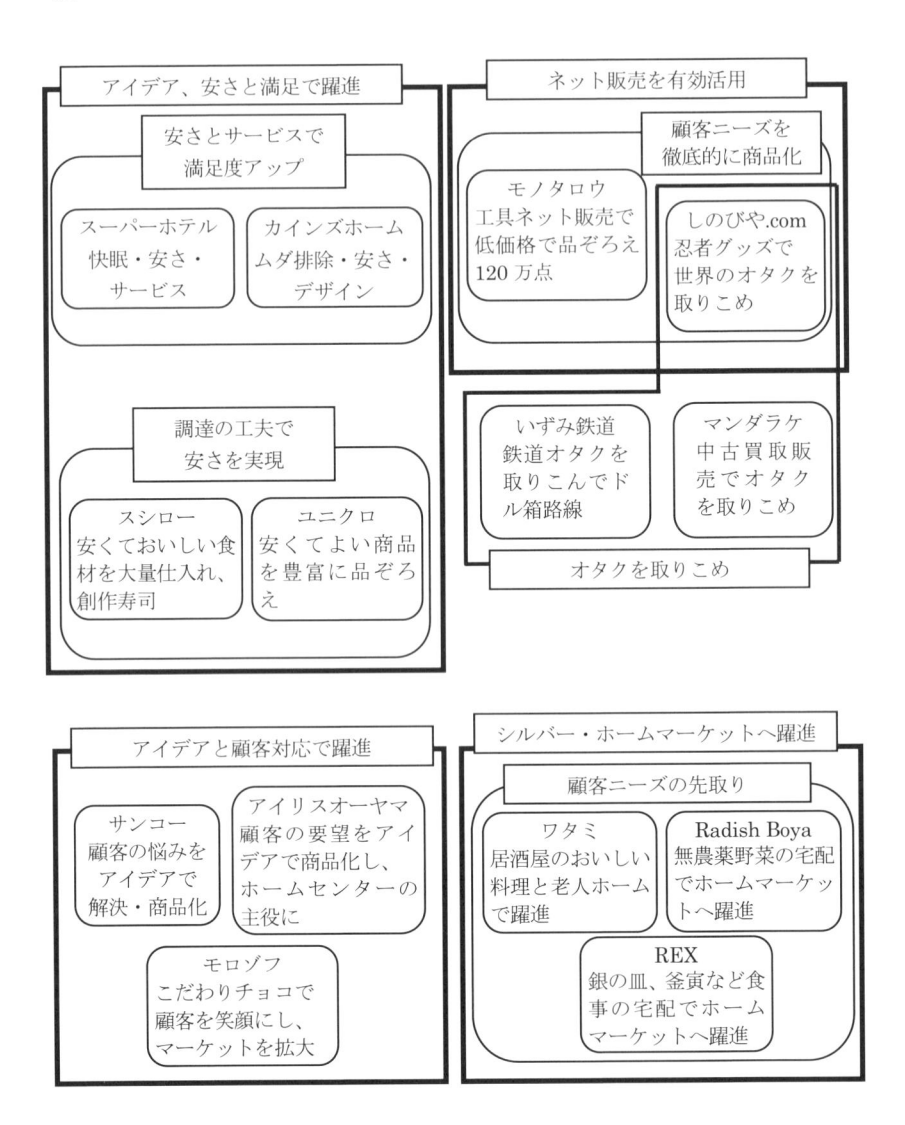

```
┌─ アイデア、安さと満足で躍進 ─┐  ┌─ ネット販売を有効活用 ─┐
│  ┌─ 安さとサービスで ─┐    │  │              ┌─ 顧客ニーズを ─┐
│  │   満足度アップ    │    │  │              │ 徹底的に商品化 │
│  │ ┌─────┐ ┌─────┐ │    │  │ ┌─────────┐  │ ┌─────────┐ │
│  │ │スーパー │ │カインズ │ │    │  │ │モノタロウ │  │ │しのびや.com│ │
│  │ │ホテル  │ │ホーム  │ │    │  │ │工具ネット │  │ │忍者グッズで│ │
│  │ │快眠・安さ│ │ムダ排除・│ │    │  │ │販売で低価格│  │ │世界のオタク│ │
│  │ │・サービス│ │安さ・  │ │    │  │ │で品ぞろえ │  │ │を取りこめ │ │
│  │ │     │ │デザイン │ │    │  │ │120万点  │  │ │      │ │
│  │ └─────┘ └─────┘ │    │  │ └─────────┘  │ └─────────┘ │
│  └──────────────┘    │  │              └──────────┘
│  ┌─ 調達の工夫で ─┐       │  │ ┌─────────┐  ┌─────────┐
│  │  安さを実現   │       │  │ │いずみ鉄道 │  │マンダラケ │
│  │ ┌─────┐ ┌─────┐ │    │  │ │鉄道オタクを│  │中古買取販 │
│  │ │スシロー │ │ユニクロ │ │    │  │ │取りこんでド│  │売でオタク │
│  │ │安くておい│ │安くてよい│ │    │  │ │ル箱路線  │  │を取りこめ │
│  │ │しい食材を│ │商品を豊富│ │    │  │ └─────────┘  └─────────┘
│  │ │大量仕入れ│ │に品ぞろえ│ │    │  └─ オタクを取りこめ ─┘
│  │ │、創作寿司│ │     │ │    │
│  │ └─────┘ └─────┘ │    │
│  └──────────────┘    │
└────────────────┘  └────────────────┘

┌─ アイデアと顧客対応で躍進 ─┐  ┌─ シルバー・ホームマーケットへ躍進 ─┐
│ ┌─────┐ ┌─────┐     │  │  ┌─ 顧客ニーズの先取り ─┐       │
│ │サンコー │ │アイリス │     │  │  │ ┌─────┐ ┌─────────┐ │
│ │顧客の悩み│ │オーヤマ │     │  │  │ │ワタミ  │ │Radish Boya│ │
│ │をアイデア│ │顧客の要望│     │  │  │ │居酒屋の │ │無農薬野菜の│ │
│ │で解決・ │ │をアイデア│     │  │  │ │おいしい料│ │宅配でホーム│ │
│ │商品化  │ │で商品化し│     │  │  │ │理と老人 │ │マーケットへ│ │
│ │     │ │、ホームセ│     │  │  │ │ホームで │ │躍進    │ │
│ │     │ │ンターの主│     │  │  │ │躍進   │ │      │ │
│ │     │ │役に   │     │  │  │ └─────┘ └─────────┘ │
│ └─────┘ └─────┘     │  │  │     ┌─────────┐     │
│ ┌─────┐             │  │  │     │REX      │     │
│ │モロゾフ │             │  │  │     │銀の皿、釜寅│     │
│ │こだわりチ│             │  │  │     │など食事の宅│     │
│ │ョコで顧客│             │  │  │     │配でホームマ│     │
│ │を笑顔にし│             │  │  │     │ーケットへ躍│     │
│ │、マーケッ│             │  │  │     │進     │     │
│ │トを拡大 │             │  │  │     └─────────┘     │
│ └─────┘             │  │  └──────────────┘
└────────────────┘  └──────────────────┘
```

図 10-1 　親和図法の例[17]

---

[17] [33]図 5-1 を参考に作成

# 第１１章　特性要因図

## １．特性要因図法とは

　特性要因図法は問題の要因を魚の骨のような図で示し、分析する手法である。「特性」とは問題の結果のことを表し、「要因」とはその原因を表す。つまり、問題の結果（特性）がどのような原因（要因）によって起きているかを図解することにより、問題点をより明確に把握し、解決につなげていく手法である。

### （１）特性要因図の要素

　図11−1に示す通り、矢印の先端には特性、つまり問題となっていることがらの結果を記入し、その特性に影響を与えると思われる要因を大要因から小要因の順に大骨、中骨、小骨と呼ばれる線を引き書き出していくという手法である。なお、特性に向かって水平に太く描かれている線を背骨と考え、形の特徴から「魚の骨」とも呼ばれる。

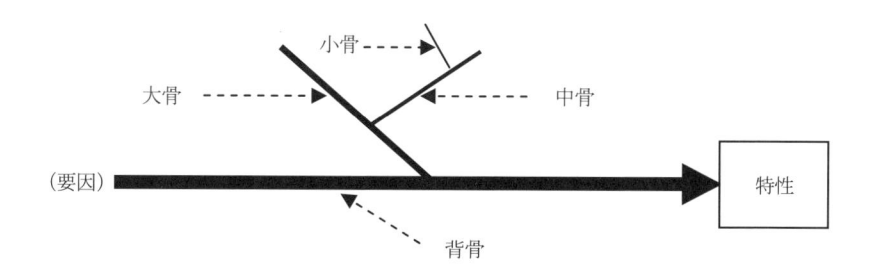

**図 11-1　特性要因図の要素**[18]

---

[18] [33]を参考に作成

## （2）適応分野

この技法は工場などの現場の問題点を分析し、改善点を見つけ出すようなケースにもっとも有効な手法であるため、TQC（Total Quality Control）の代表的技法として利用されている。なお、TQCとは全社的品質管理のことを指し、主に製造業において、製造工程のみならず、設計・調達・販売・マーケティング・アフターサービスといった各部門が連携をとって、統一的な目標の下に行う品質管理活動のことである。

## 2．特性要因図の作成手順

特性要因図も収束技法の1つである。つまり、この技法を用いる前に整理すべき情報を、発散技法を用いて出しておく必要がある。特性要因図法でまとめられるものは、問題の結果（特性）と原因（要因）であるので、まず特性（問題の結果）を決める必要がある。希望点列挙法・欠点列挙法（いずれもBSの改良手法で、テーマの希望点または欠点と思考の方向性を定めて行うBS）を用いて決めるとよい。「何がどのように」または「何がどうなる」と明確な表現にする。そして、カードBS法を用いて、要因（問題の原因）をたくさん洗い出す。そのカードを用いていよいよ特性要因図の作成過程に入ることができる。

| |
|---|
| ① 要因を分類する<br>　原因カードを似た要因ごとに分類する。不要なものは捨て、追加したい内容があればカードを追加する。 |
| ② 作図する<br>　大きな分類項目にあたるものを大骨に、そして中骨、小骨とレイアウトする。 |
| ③ 特性要因図を分析する<br>　重要と思われる要因を選び、○で囲んだりしてポイントを明確にする。 |

## 3. 特性要因図の例

　身近な例として「試験で高得点」というテーマを特性要因図を用いて整理してみる。好成績を挙げたという結果に対して、その考えられる要因を分析する。

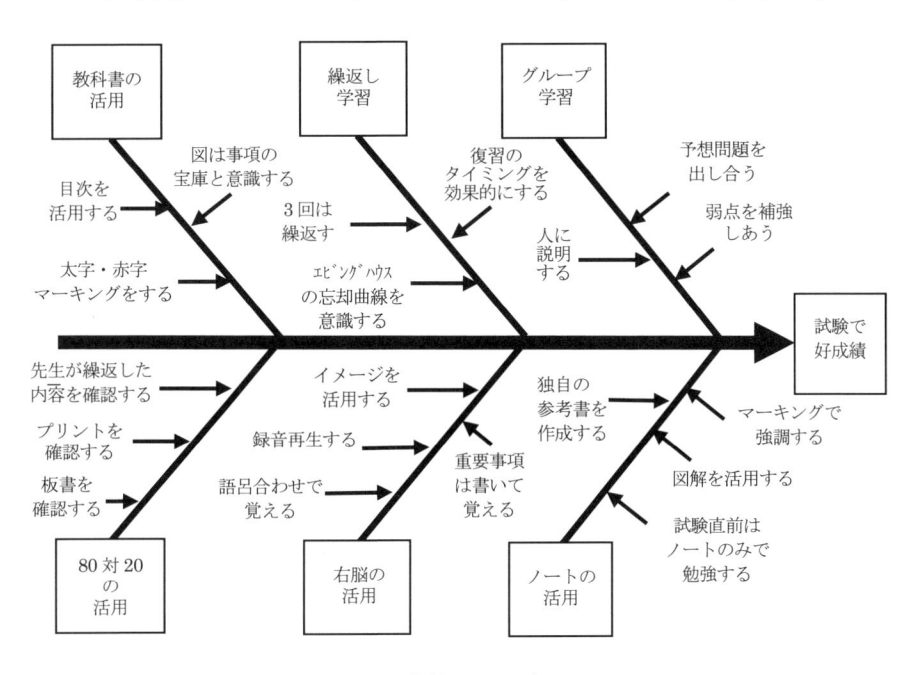

**図11-2 特性要因図の例**

　付録3に「記憶の工夫」を載せたので、参考にしてほしい。記憶しやすくするには、「海馬をだますこと（繰返し回数を増やして海馬に重要と思わせる）」「海馬を通過しやすくする（情報量を減らして記憶しやすくする）」「情報のコーディング（意味づけ・論理化）を行い、印象を強くする」などの基本的考え方を理解しておくこと。

## 第12章　ストーリー法

### 1．ストーリー法とは

#### （1）ストーリー法とは
　ストーリー法はその名の通り、データを流れ（ストーリー）として並べるという手法である。時系列法ではあるが、因果法の要素もあり、収束技法の系列型の基礎技法ということができる。イベント計画、講演の内容や文章のまとめ等をするのに便利な手法である。
　ストーリー法はあることがらに対して、時間の軸に着目して、前後の事柄を連想していくという方法をとる。あるデータを流れとして時系列的に並べていき、その後、それらのデータやイベントを説明によってつなげていく。データの配置が時系列順になっているため、見る側にとってわかりやすく、説得力のあるドキュメントとなる。
　具体的には、カードへテーマに関して思いついたものを書き出し、それを流れとしてまとめあげていくという簡便な手法で、堅苦しいルールなどはない。手軽に誰でも使えるもので、基本的には個人技法である。そして事前に行う発想法としては、カードへ直接アイデアを書き込むカードBS法がお勧めである。そのアイデアをもとに、収束技法のストーリー法に入る。

#### （2）適応分野
　ストーリー法を文章作成に用いるときの例を示す。文章作成には「内容発想」「構想立案」「文章化」の3つのステップがある。「内容発想」はその名の通り、発想思考であるので、カードBS法などでカードに思い付きをどんどん記入する。この際、まとめ方については一切考えないのがコツである。次の「構想立案」でストーリー法を利用する。記入したカードを文章の流れを考えなが

ら、順番に組み替えていく。その際、書き足したい内容があれば新しくカードを作成して追加し、不要なものがあれば順序の中に組み入れなければよい。そうしてできたストーリー（流れ）に沿って、文章を作成すれば完成する。この手法を用いて、文章作成を行えば、3つのステップで1つのことに集中できるので、文章を書くことがそれほど苦でなくなるというメリットがある。

また、プレゼンテーションの作成時にも、この手法は応用できる。「内容発想」「構想立案」「資料・台本作成」と考えればよい。「内容発想」では、話したい内容に加え、資料に入れたい図や表、項目などについても、カードにどんどん記入し、「構想立案」でそのカードを並べ替えればよい。プレゼンテーションには「絵コンテ」を用いる手法がよく使われるが、これはストーリー法と同じ考えに基づいている。

## 2．ストーリー法の進め方[19]

以下に、ストーリー法の進め方をまとめる。また、ストーリー法に入る前に発散思考は終了していることが前提となる。カードBS法により、1アイデアを1カードに書かれたものを用意することが望ましい。

| |
|---|
| ① カードを広げて用紙を準備する |
| 　カードを机上に広げ、右にB4サイズの用紙を縦に置く。 |
| 　用紙は三分割し、「主行動」「内容や例」「補足や詳細」と書く。 |
| ② 全カードを用紙に配列する |
| 　全カードを見て、プランを流れとしてまとめていく。 |
| 　主な行動の流れのカードを主行動欄に、内容や例、補足や詳細のカードを右側に置いていく。 |
| ③ 追加カードを作成する |
| 　この段階で新たに発想したカードを追加する。最初に作成したカードはすべて使う必要はない。 |

---

[19] [33]を参考に作成

④ 全体タイトル・記号を記入する

　全体のタイトルを考えて用紙の一番上に記入する。

　「ストーリーの流れ」は（矢印）、「並行作業」は（＝）、「関連あり」は（－）などの記号を記入する。

以下に、記入用紙とカード配置の例を示す。

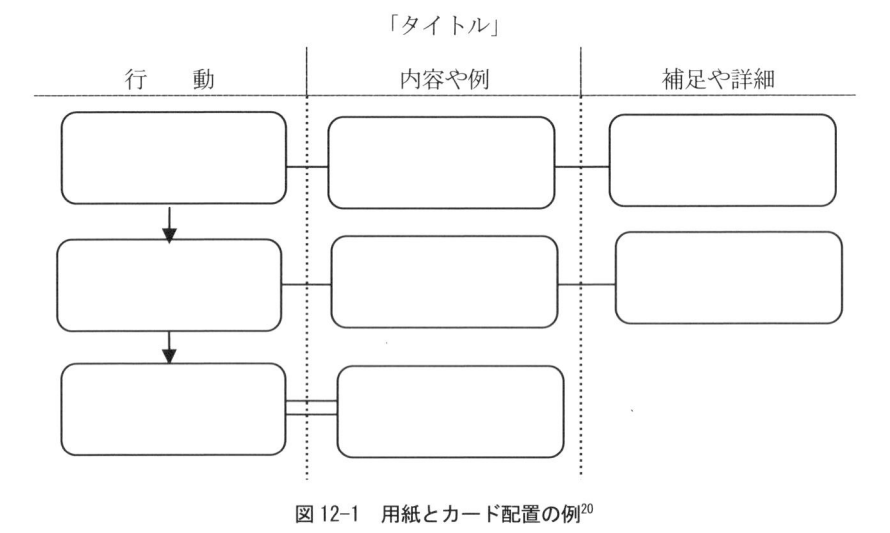

図12-1　用紙とカード配置の例[20]

## 3．ストーリー法の例

　ここでは、かつてゼミ生が行ったボランティア活動「老人ホームでIT教育」というテーマを取り上げ、ストーリー法で老人でも楽しめるIT活用の企画を行った例を紹介する。

---

[20] [33]を参考に作成

第12章 ストーリー法　69

ボランティア活動「老人ホームで IT 教育」

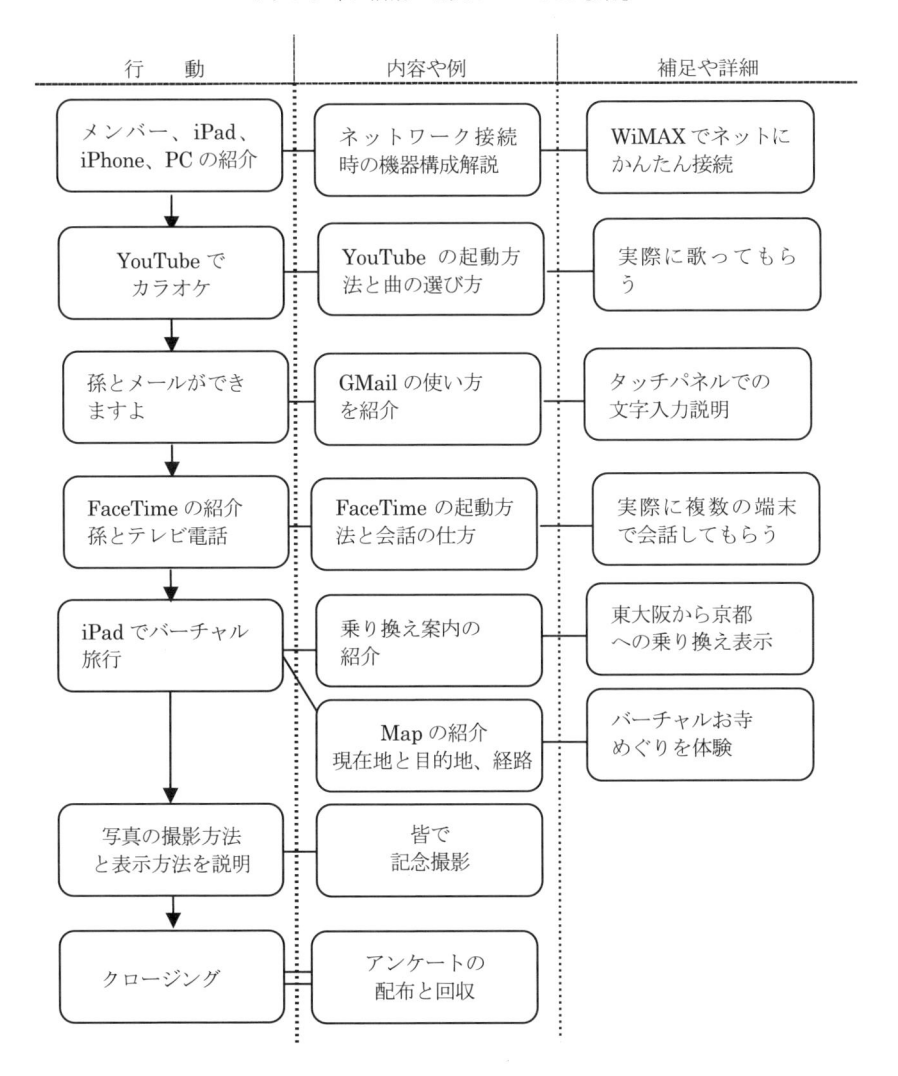

| 行　動 | 内容や例 | 補足や詳細 |
|---|---|---|
| メンバー、iPad、iPhone、PC の紹介 | ネットワーク接続時の機器構成解説 | WiMAX でネットにかんたん接続 |
| YouTube でカラオケ | YouTube の起動方法と曲の選び方 | 実際に歌ってもらう |
| 孫とメールができますよ | GMail の使い方を紹介 | タッチパネルでの文字入力説明 |
| FaceTime の紹介 孫とテレビ電話 | FaceTime の起動方法と会話の仕方 | 実際に複数の端末で会話してもらう |
| iPad でバーチャル旅行 | 乗り換え案内の紹介 | 東大阪から京都への乗り換え表示 |
| | Map の紹介 現在地と目的地、経路 | バーチャルお寺めぐりを体験 |
| 写真の撮影方法と表示方法を説明 | 皆で記念撮影 | |
| クロージング | アンケートの配布と回収 | |

図 12-2　ストーリー法の例

# 第13章 3の思考法

## 1. 3は思考のマジックナンバー

　思考を行う上で3というのは非常にわかりやすい数である。問題を3つに分類・分割したり、3つの関係を分析したりする方法がよく採用されている。
　ここでは、Three、Trio、Third という3つの捉え方を紹介する（飛岡健著『ものの見方・考え方・表し方』実務教育出版、1996より引用）。

① 3つに分けてみる（Three の発想）

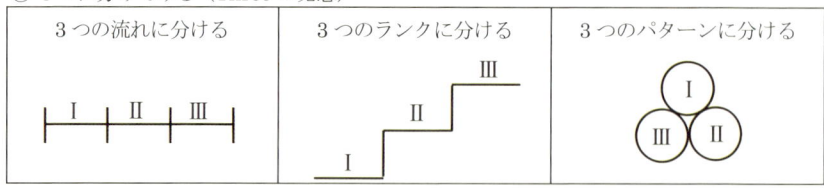

| 3つの流れに分ける | 3つのランクに分ける | 3つのパターンに分ける |

② 3つを集めてみる（Trio の発想）

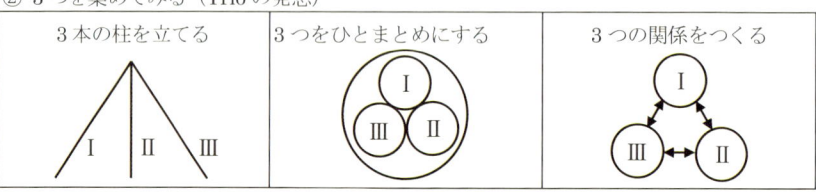

| 3本の柱を立てる | 3つをひとまとめにする | 3つの関係をつくる |

① 3つめを探してみる（Third の発想）

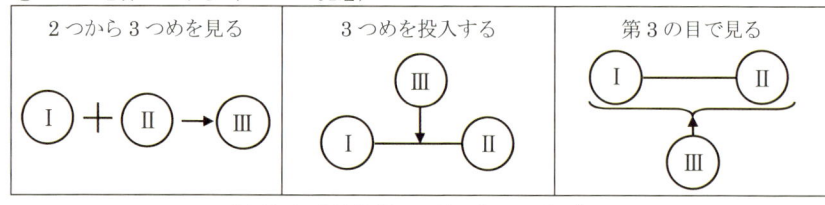

| 2つから3つめを見る | 3つめを投入する | 第3の目で見る |

図 13-1　3は発想のマジックナンバー[21]

---

[21] [53]を参考に作成

## 2．3つに分けてみる（Threeの発想）の例

### （1）3つの流れ
#### 1）過去・現在・未来
　これは誰にでも当てはまるものである。自己紹介や自己分析にも使える。また、会社の分析や商品開発のための分析にも使うことができる。
#### 2）IPO
　IPOはコンピュータの入力、処理、出力を略したもので、コンピュータシステムの分析・設計によく使われている（構造化分析設計の一手法）。また、入口・内部・出口でそれぞれどうありたいかという目標を決めて、情報を分析する場合にも活用できる。例えば、大学入学時のレベル、大学卒業時にどういう人材を社会に送り出したいか、そして、その差を埋めるために大学での教育内容をどうすべきかという分析に使える。
#### 3）第三の波
　トフラーの「第三の波」では、第一の波が農業革命、第二の波が産業革命、第三の波が脱工業化社会と説明されている。現代は第三の波の中にあり、サービス産業、情報化革命など第三の波とおぼしき大きな変化が起こっている。

### （2）3つのランク
#### 1）金・銀・銅
　金銀銅はオリンピックなどの競技で使われるメダルの色である。競技を見ているときは、1位、2位、3位の差は僅差に見えても、ひとたび金メダルを取ると超人・英雄のごとく評価が変わる。まして、いくつかの競技や何回にもわたって金メダルを取るとなると、社会的評価が非常に高くなる。銅メダリストだと、実力者とは認められるが、話題になることは少ない。

２）嫌い・普通・好き

　人やモノに対する感情をレベルに分けると嫌い・普通・好きと表せる。この場合にもレベルは増幅されるようで、とことん嫌いとか好きという感情に変化していく。増幅される状態をハロー効果という。

３）無関心・興味・熱狂

　商品やサービスを提供する場合、無関心の状態から興味を持ってもらう状態にし、多くの熱狂的ファンを作ることができれば大成功となる。プレゼンテーションやマーケティングなどで出てくるAIDMA［Attention（注意）；Interest（関心）；Desire（欲求）；Memory（記憶）；Action（行動）］は、どのようなことをしてActionまで持っていくかを段階的に検討するためのキーワードである。

(3) 3つのパターン

１）晴れ・曇り・雨

　天気の３つのパターンである。これらの言葉は、晴れ着、気分は曇り空、雨降って地固まるなどと状態や気分を表す比喩としても使われる。

２）見ざる・聞かざる・言わざる

　知ってはいけないことを知ってしまったときの対応法としての表現だが、逆に、見る、聞く、言うとなるとコミュニケーションの重要なキーワードとなる。人は見栄えで90％の判断をするとか、積極的傾聴と言われるように聞き上手ほど好かれ、また、コミュニケーションがうまくいく。人前で話す場合には、滑舌よくわかりやすく話すのが好まれる。

３）自宅・通勤・会社

　これは、人の居場所を表したものである。自宅ではリラックスして、通勤では人ごみにもまれ、会社では気持ちを引き締めて仕事をする。最近、通勤途上も第二の書斎といわれるようになり、iPodなどを利用して英会話の勉強をする人も増えている。ストレス社会にならないか心配ではある。

## 3．3つを集めてみる（Trioの発想）の例

### （1）3つの柱
#### 1）生産・流通・販売
生産・流通・販売を商品の流れとしてとらえると、「3つの流れ」に分類されるが、生産部門・流通部門・販売部門ととらえると会社を支える「3つの柱」となる。
#### 2）RGB　光の三原色
光を構成するのはRed（赤）、Green（緑）、Blue（青）の三色である。絵の具の三原色はシアン(空色)とマゼンダ（赤紫）とイエロー（黄）である。
#### 3）キヤノン　三自の精神
キヤノンの社訓として三自の精神というのがある。キヤノンおよびその関連会社では、この三自の精神が重んじられている。
・自発：何事にも自ら進んで積極的に取り組む
・自治：自分自身をしっかりと管理する
・自覚：自分が置かれている立場・役割・状況をよく認識して行動する

### （2）3つをひとまとめ
#### 1）3人組
ヘキサゴンファミリーで一世を風靡した羞恥心（男性グループ）、Pabo（女性グループ）がある。古くは、シブがき隊、少年隊などが有名である。
#### 2）三無主義
学生気質を表す三無主義がある。三無主義とは無気力・無関心・無責任のことである。最近では、無感動を加えた四無主義というのもある。
#### 3）3K
3Kは生産現場の悪条件を表した言葉で、危険・汚い・キツイという嫌われる作業環境を表している。

## （3）3つの関係
### 1）司法・立法・行政
　三権分立の概念で、国家の権力集中を起こさせないしくみである。
### 2）グー・チョキ・パー
　グーはチョキに勝ち、チョキはパーに勝ち、パーはグーに勝つ。似たようなもので、三すくみの関係がある。ヘビ・カエル・ナメクジの間では、ヘビはナメクジを恐れ、カエルはヘビを恐れ、ナメクジはカエルを恐れるという関係が三すくみの状態を作る。

## 4．3つめを探してみる（Third の発想）の例

### （1）2つから3つ目
#### 1）ハイブリッドカー
　従来のガソリンエンジンと電気モーターを組み合わせたものがトヨタのプリウスを代表とするハイブリッドカーである。
#### 2）iPhone
　iPhone は従来の携帯電話と iPod（音楽・映像プレーヤー）を組み合わせて誕生した。実際には、GPS や加速度センサー、カメラなどが装備され、iPhone アプリを追加することができ、無限の可能性を持った携帯機器に成長してしまった。
#### 3）レオポン
　昔、阪神パークにライオンと豹のあいの子のレオポンというのがいた。品種改良を行う場合には、ハイブリッドの発想が常に用いられる。植物では寒冷地に強いイネとか、甘くておいしいトマト「桃太郎」なども品種改良の成果であるといえる。

## （2）3つ目の投入
### 1）触媒効果
　水と電気に白金を触媒として加えると、電気分解が促進される。また、光を当てると化学反応を促進する光触媒というのもある。化学反応に限らず人間関係でも、ある2人の組み合わせに3人目が加わることで仕事がうまくいくこともある。
### 2）援軍
　昔の戦いなどで戦力が拮抗している場合に援軍が到着すると一気に形勢が傾くことになる。関ヶ原の戦いで膠着状態になったとき、小早川秀秋が徳川方に寝返ったため、一気に決着がついてしまった。

## （3）第三の目で見る
### 1）ロボットの研究
　ロボット学者の森政弘氏の公演で、ロボットを開発するためには、対象と対象を操作する人間と両者を観察するもうひとりの自分がいて初めてロボットのフィードバックシステムの解明が進むという話があった。
### 2）王貞治氏の野球観
　王貞治氏の名言集で、王貞治氏が打席に立ったとき、打者としての自分とピッチャーと両者を観察するもうひとりの自分がいるというものがある。世界のホームラン王だけに、意義深い話である。舞台役者の場合にも、役を演じる自分と観客と両者を観察するもうひとりの自分がいて初めて上達するという。この発想は、武道にも当てはまる。

## 5．三分割法の紹介

　近畿大学経営学部 市毛明元教授は、『読み・書き・発想する技術』中央経済社、1998で三分割法（階層構造法）を提案し、作文・論文・著作・分析・発想などに応用した例を多数紹介している。方法はテーマを3つに分け、さらに3つのサブテーマに分割することにより、全体の構成を構築する。それぞれの細分化された最小単位のサブテーマを記述することにより、効率よく読み・書き・発想することができるというものである。

　ここでは、『読み・書き・発想する技術』p.12 から H.K 君の「私の家」ワークシートを引用したい。

|  |  |  |  |  |  |
|---|---|---|---|---|---|
|  |  |  |  | 「課題Ⅱ　私の家　」 |  |

| | | | | | |
|---|---|---|---|---|---|
| Ⅰ | 家族 | 1 | 両親 | (1) | 尊敬できる父親 |
| | | | | (2) | 少々過保護気味の母親 |
| | | | | (3) | 基本的に仲はよい |
| | | 2 | 兄弟 | (1) | 3人兄弟の長男 |
| | | | | (2) | 兄よりしっかりした弟 |
| | | | | (3) | 僕と性格が似ている妹 |
| | | 3 | ペット | (1) | 3ヵ月前から猫を飼っている |
| | | | | (2) | 食欲おうせいな犬 |
| | | | | (3) | 家族全員ペット好き |

| | | | | | |
|---|---|---|---|---|---|
| II | 住まい | 1 | 環境 | (1) | 海、山、どちらでも100m以内 |
| | | | | (2) | 天の橋立で有名 |
| | | | | (3) | もうそろそろ雪も積もり出す |
| | | 2 | 建物 | (1) | 洋風の2階建て |
| | | | | (2) | 3人兄弟1人ずつ部屋あり |
| | | | | (3) | クーラーがないので夏は暑い |
| | | 3 | 住み心地 | (1) | 日当たり良好 |
| | | | | (2) | 少々部屋が狭い |
| | | | | (3) | 静かなところがよい |

| | | | | | |
|---|---|---|---|---|---|
| III | 生活 | 1 | アルバイト | (1) | 居酒屋のホール |
| | | | | (2) | 店長によくおこられる |
| | | | | (3) | みんなで仲良く楽しく |
| | | 2 | 大学 | (1) | 友人がいっぱい |
| | | | | (2) | 勉強していない |
| | | | | (3) | 寝坊し過ぎ |
| | | 3 | 友人 | (1) | 高校の友達ばかり |
| | | | | (2) | 大学での友達が欲しい |
| | | | | (3) | 女の友達が欲しい |

図13-2 三分割法ワークシートの例：K.H君の「私の家」

　三分割法ワークシートのよいところは、三分割という単純なルールで文章の構成ができあがることと、このシートの空白を埋めたいという心理（ツァイガルニック効果）がうまく働く点である。

# 第14章 マンダラート

## 1．マンダラの特徴

今泉 浩晃 氏は、『創造性を高めるメモ学入門』日本実業出版社、1987 の中で、
・長い間使ってきたノートの罫線が私たちの思考を縛っている（リニア思考）
・マンダラ（曼荼羅）を知るとモノが見えてくる！（空間思考）
・マンダラは、四方八方へ視線を伸ばし、空間を覆っていく（視覚世界）
・マンダラは、人間の脳の生理、脳の仕組にそった自然な思考を導き、潜在意識を活性化させていく
と述べている。

### （1）マンダラ思考の基本
マンダラは3×3に並べた9つのセルで構成され、中央にテーマを書く。

|   |   |   |
|---|---|---|
|   |   |   |
|   | テーマ |   |
|   |   |   |

図 14-1 マンダラ思考の基本[22]

---
[22] [8]を参考に作成

## （2）思考が四方八方へ広がる

あるときは、思考が四方八方へ広がるように見える。

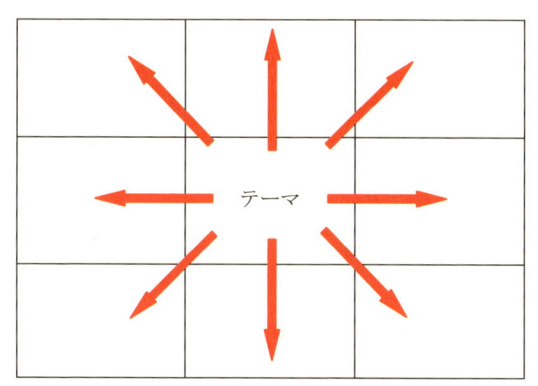

図 14-2 思考が四方八方へ広がる[23]

## （3）思考が卍形に四方へ広がり回転する

あるときは、思考が卍形に四方へ広がり、回転し始める。

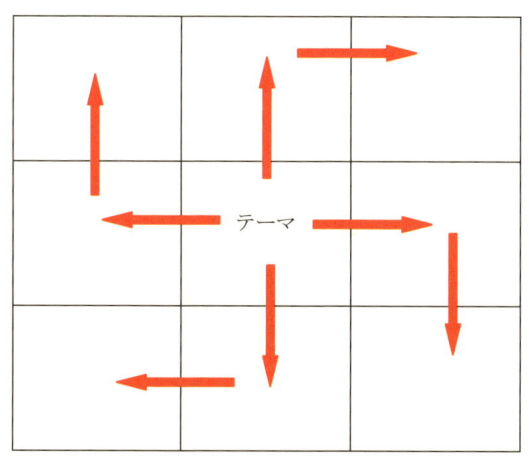

図 14-3 思考が四方へ広がり回転する[24]

---

[23] [8]を参考に作成
[24] 同上

## （4）思考が時計回りに広がる

思考が時計回りに広がる。

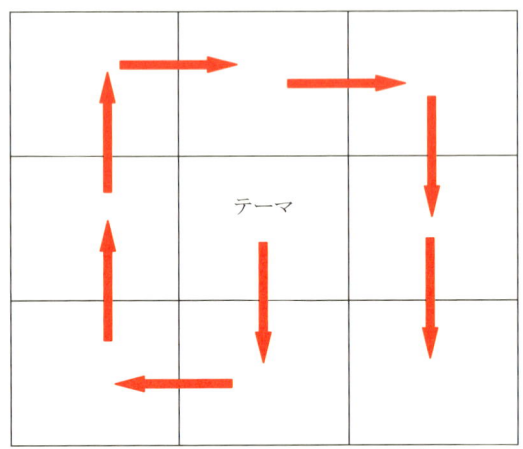

図 14-4　思考が時計回りに広がる[25]

## （5）収縮のパターン

　図解でも扱ったが、拡散のパターンがあるなら収縮のパターンもあるだろう。この場合、周りが先に埋まって共通の概念が導き出されると解釈できる。

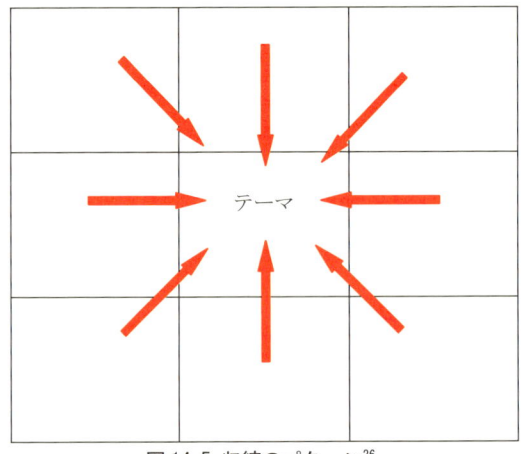

図 14-5　収縮のパターン[26]

---

[25] [8]を参考に作成

[26] 同上

## （6）思考が81のマスに広がる：バクハツ

実用的なマンダラとして9×9に展開する場合がある。実際に埋められるマスは64マスであるが、これだけの情報を整理すると実用的な体系を構築することができる。

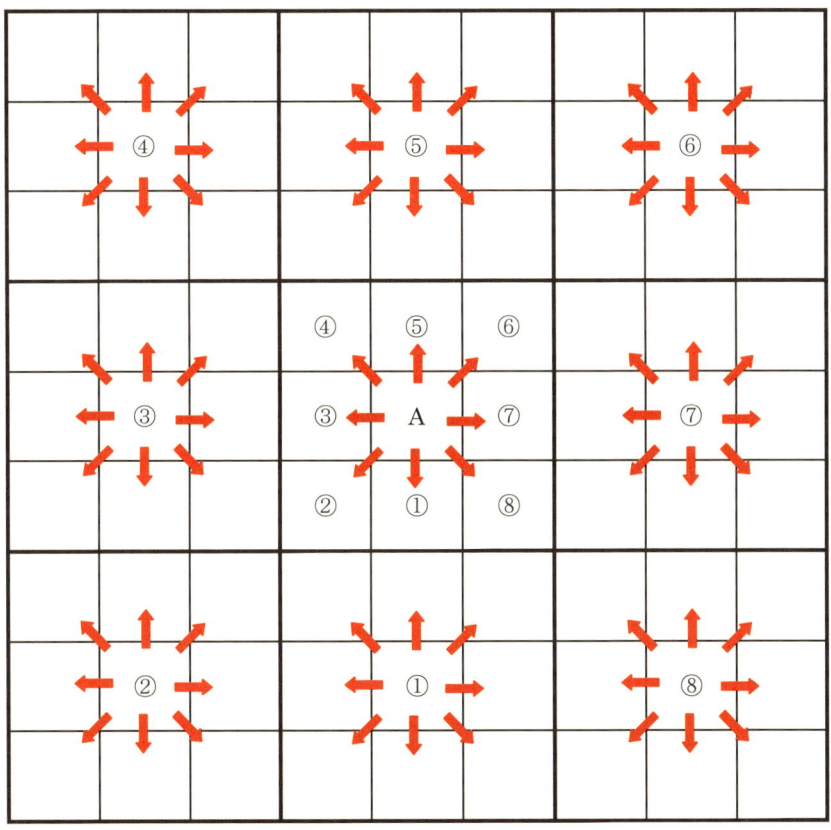

図14-6 思考が81のマスに広がる：バクハツ[27]

---

[27] [8]を参考に作成

## 2．マンダラートとは何か

マンダラートの由来について今泉 浩氏の『創造性を高めるメモ学入門』から以下の文章を引用したい。

> （以下引用）
>   このあたりで、マンダラとは何かということに触れておきます。
>   もう、ご存じのように、マンダラは「曼荼羅」と書かれ、仏教の法具として生まれてきたものですが、曼荼羅（Mandala）とは、サンスクリット語で、Manda+la の合成語といわれます。つまり、Mand＝本質・真髄・醍醐味、la＝成就する・所有する、で、［本質・真髄を所有するもの］［完成されたもの］［悟りの境地］などを意味します。また、曼荼羅には［区分があり、その区分によって全体が組織づけられている］という意味があり《輪円具足》ともいわれます。
>   マンダラとは「多くのものが集って中心が作られ、そこから意味のある世界を生み出すような構造をもったとき、限りのあるものから、限りなきものを生み出すパワーが生まれ、本質・真髄を所有した、完成された、エネルギッシュな世界を完成させる」ものなのです。（途中略）
>   この隠されていた知恵の図形［マンダラ］を、ふたたび知識を智慧にかえる思考のツールとして使う技術として再現させようというのが MANDALART なのです

すなわち、マンダラートとは MANDA（本質・真髄）＋LA（成就・所有）＋ART（技術）の合成語である。

## 3．マンダラートの使い方

マンダラートには大きく分けて3つの使い方がある。

### 1）情報を整理する
　情報を得ると、中央のテーマ以外は配置を気にせずマンダラートに情報を書き込んでいく。

最初からすべてのマスが埋まるわけでもないので、空いたマスは放置しておく。しばらくすると、マスを埋めるいい情報が見つかり、情報の整理が進んでいく。

**２）アイデア発想する**

中央にアイデア発想のテーマを書き、①からそのテーマに関するアイデアを書き込んでいく。最初からすべてが埋まるわけではないが、8つのマス埋めようと努力していくうちにいいアイデアが出てくる。

レポートや論文の文章を考える場合にも使うことができる。

|  |  |  |
|---|---|---|
| ④ | ⑤ | ⑥ |
| ③ | テーマ | ⑦ |
| ② | ① | ⑧ |

図 14-7 マンダラートの使い方[28]

**３）5W1H などのフレームワークを使ってアイデア発想する**

今泉 浩氏は、マンダラートと思考を促すフレームワークを組み合わせることによりマンダラートの発展的な活用を提案している。5W1H は英語の疑問詞 Who、What、When、Where、Why、How である。例えば、Who では自分のやりたいことや夢、欲望などに対する問いを集め、「自分にとって何が一番大切か」「本当は何がやりたいのか」など 9 つの問いを集め、思考を整理するものである。

初心者には、マンダラートの自由な使い方だけでも効果があるので、これ以上の詳細は省くが、興味のある方は今泉氏の著書を参考にされたい。

---

[28] [8]を参考に作成

## 4．マンダラートの例

### （1）情報整理の例：仕事の進め方マンダラートより

　この例は、筆者が参事補（係長クラス）になったとき（1990年）に仕事に役立ちそうな過去の経験や上司からのアドバイス、書籍からの情報を 9×9 のマスにまとめたものである。これだけの情報があるとオリジナルなノウハウとして有効活用が可能になる（上が全体テーマで下がその一部の詳細である）。

| V 対外折衝 | VI リスク管理 | VII トラブル・シューティング |
|---|---|---|
| IV 仕事のしくみ | I 自己啓発 | VIII 企画 |
| III 報告書 | II 情報の理解 | IX その他 |

| ④疑問を持つ 好奇心を持つ 疑問を持ち続けるとホントにわかる | ⑤基本的なことにじっくり時間をかける 基本こそ大事 | ⑥分解と組立て 内容をユニットに分解して、構造化してみる |
|---|---|---|
| ③Familiarity is a kind of understanding 親しみから理解へ | II 情報の理解 | ⑦マトリックスで整理してみる もつれた問題もすっきり整理 |
| ②背景と位置付け 事象には原因と結果がある | ①キーワード キーワード捜し | ⑧Discussion で理解を深める 他人の発想で思考の転換を |

図 14-8　仕事の進め方 マンダラートの一例

## （２）未来のオフィス機器発想例

　未来のオフィス機器のアイデアを出したいが、とりあえずオフィス機器の事例をマンダラートで挙げてみる。

|  | ちょっと苦しくなってくる？ |  |
|---|---|---|
| ④ 壁はプロジェクタスクリーン | ⑤ TV・PC組込みデスク | ⑥ LED照明 埋め込みデスク |
| ③ 壁はホワイトボード | 未来のオフィス機器 | ⑦ アイデアの出やすい空間。組み合わせデスク |
| ② すべてタッチパネル | ① 機能的な椅子 | ⑧ ノイズキャンセル機能付きデスク |

この辺は割とスイスイと → （④③②へ）

強制力でアイデア発想へ ← （⑥⑦⑧へ）

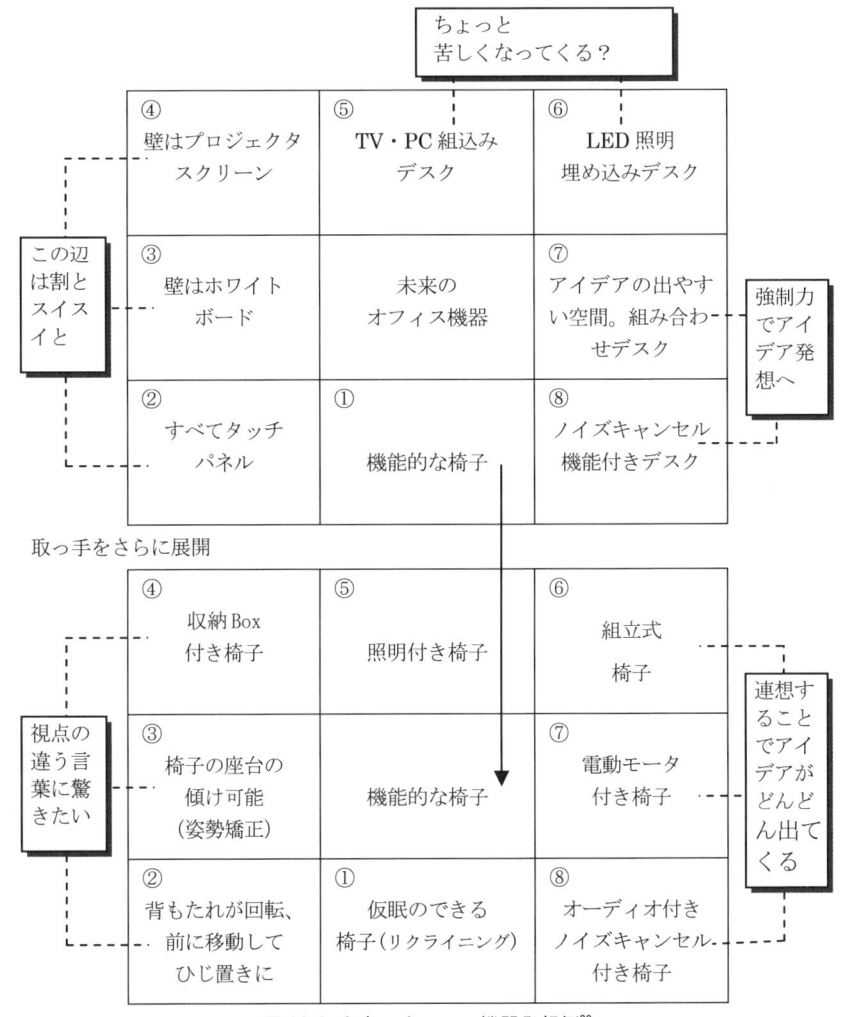

取っ手をさらに展開

| ④ 収納Box付き椅子 | ⑤ 照明付き椅子 | ⑥ 組立式椅子 |
|---|---|---|
| ③ 椅子の座台の傾け可能（姿勢矯正） | 機能的な椅子 | ⑦ 電動モータ付き椅子 |
| ② 背もたれが回転、前に移動してひじ置きに | ① 仮眠のできる椅子（リクライニング） | ⑧ オーディオ付きノイズキャンセル付き椅子 |

視点の違う言葉に驚きたい

連想することでアイデアがどんどん出てくる

図14-9 未来のオフィス機器発想例[29]

　２段階にマンダラートを使うことでアイデアにたどりついた。

---

[29] [17]を参考に作成

## コーヒーブレイク：レポートや論文作成に役立つパーソナルクラウド

　レポートや論文を書く場合、パーソナルクラウドと各種ソフトを組み合わせると、三上・三中や隙間時間も有効に活用した情報の収集・整理、アイデア発想、レポートや論文の構築などを効率的に行うことができる。
　ここで、パーソナルクラウドとは、インターネット上に情報を保存し、Windows PC、MacPC、iPhone、iPad で情報を共有できるものであり、Evernote や DropBox が有名である。ここでは、Evernote を中心とした情報・アイデアの管理について説明する。

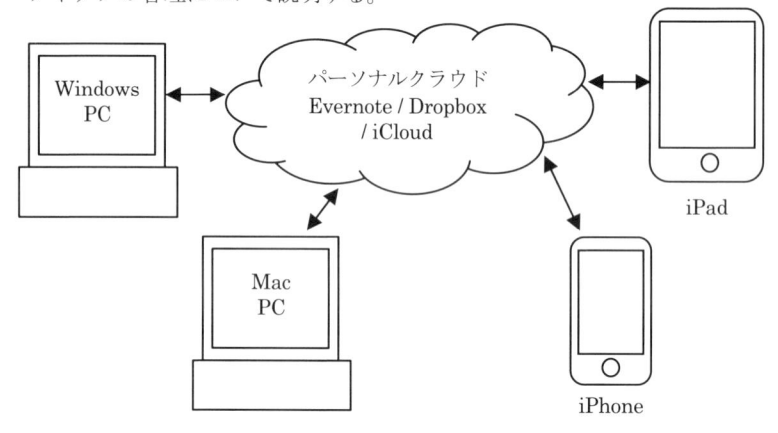

図 C-1　パーソナルクラウドの概念図

1）断片的な情報やアイデアを蓄積する
　ちょっとしたメモやアイデアは FastEver で記録し、Evernote に蓄積していく。FastEver は Evernote より高速に起動でき、軽快にメモを取ることができるので三上・三中で浮かんだアイデアや隙間時間を有効活用できる。
2）iPhone、iPad、MacPC、WindowsPC などの画面のスナップショット
　iPhone、iPad、MacPC、WindowsPC などの画面のスナップショットやインターネットで収集した情報も Evernote に保存していく。
3）Evernote でタグをつけなおしたり、ブックでの分類を行っていく。

図 C-2 FastEver の入力例

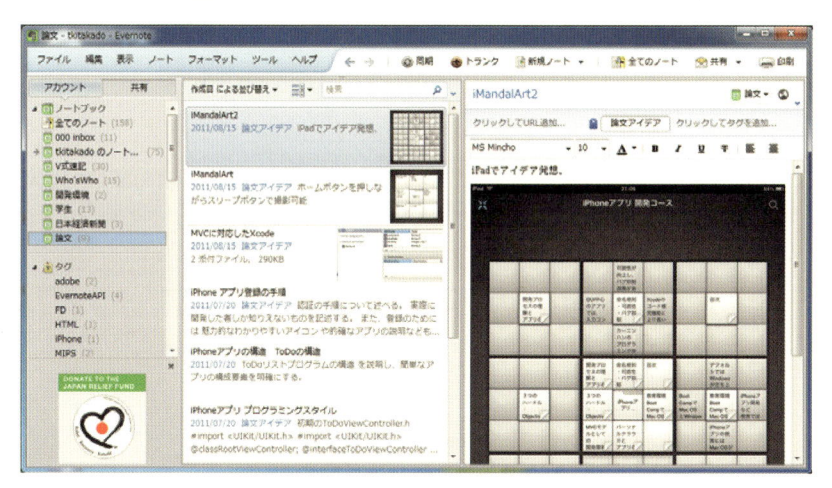

図 C-3 Evernote の使用例

**4）iMindMap で基本的アイデアの発想**

　情報やアイデアが蓄積され、機が熟したと判断したら（大抵は締め切り間近になってやむを得ず行う）、iMindMap などの発想支援ツールでレポートや論文のスケルトンを構築する。iMandalArt HD の活用も考えられるが、iMindMap の方が見晴らしがいいので、この段階では iMindMap の方がストレスなく使うことができる。

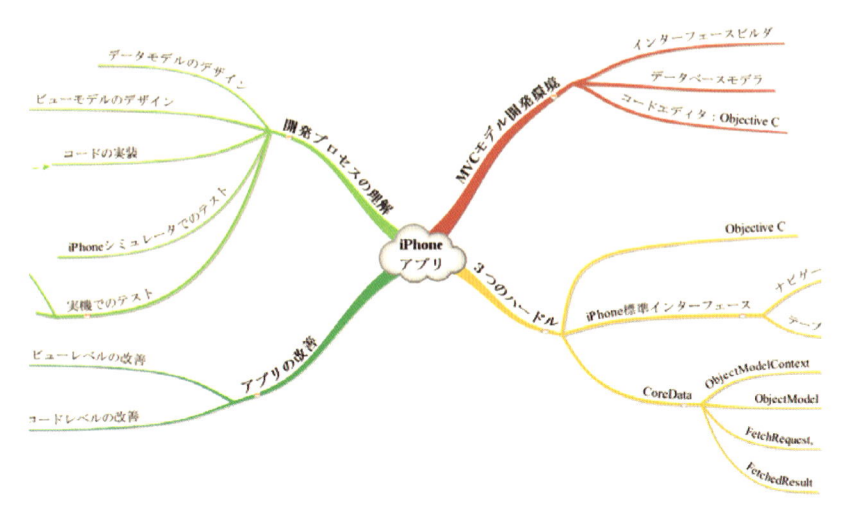

図 C-4 iMindMap で論文やレポートのスケルトンを構築する

5）iMandalArt HD for iPad で論文内容の精緻化

　論文の内容を精緻化したり、文章が出てこないときは 9×9 の強制力のある iMandalArt HD for iPad などの方が執筆作業がはかどる。

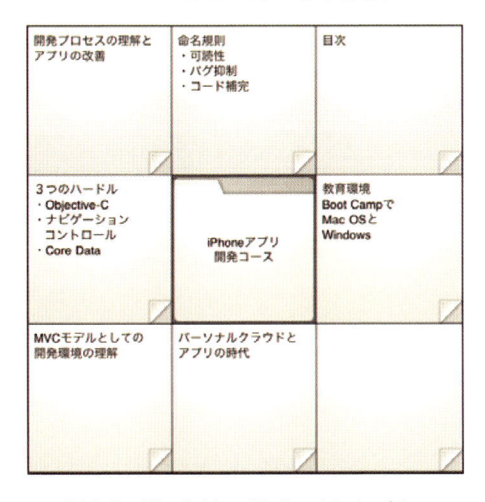

図 C-5　iMandalArt HD for iPad の例 1

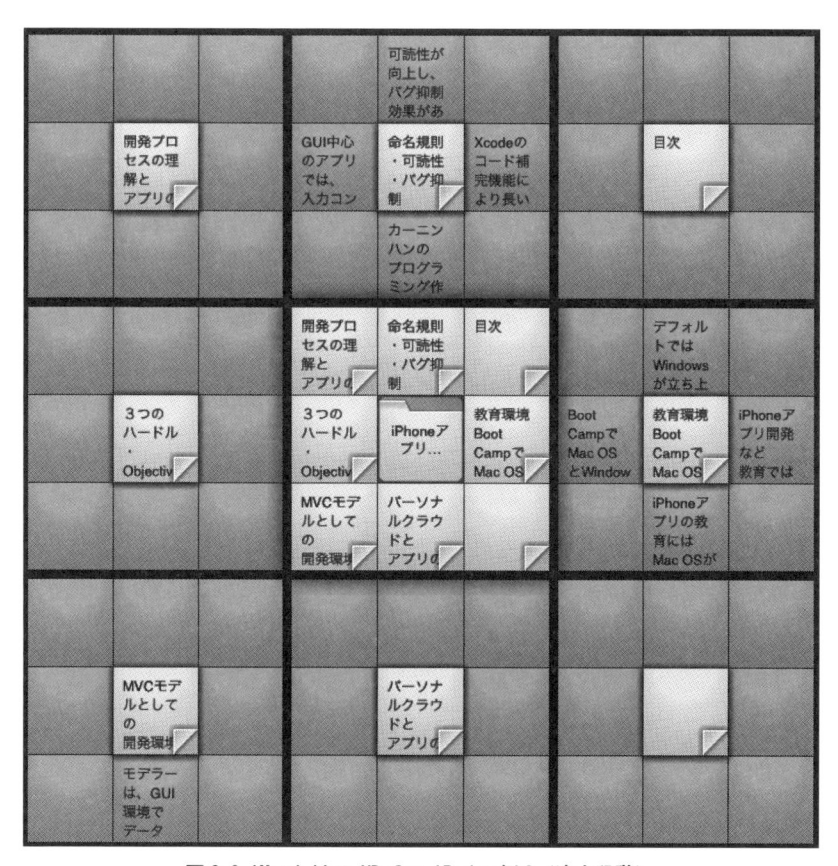

図 C-6 iMandalArt HD for iPad の例 2（途中段階）

6）レポートや論文の執筆と iMandalArt for iPhone の活用

　iMandalArt HD で構想がまとまれば、レポートや論文をどんどん書いていくことができる。図なども追加して完成に近づいていくが、どうしても文章がまとまらないときがある。そのようなときは、作業を中断して執筆作業のことは忘れる。散歩に出るなり、買い物に行って、いい文章の構成が浮かぶと iMandalArt for iPhone などでキーワードを書き出し、並べ替えなどを行う。このような繰り返しで、徐々に執筆作業が進んでいく。とにかく書いてみると、思考が刺激されて執筆がはかどることがわかる。

図 C-7 iMandalArt for iPhone の例

　パーソナルクラウドや iPhone/iPad アプリの活用により、情報の収集・アイデア発想を電子機器上で行う時代が到来した。従来のような京大式カードを使う知的生産技術の方法も見直す時期に来ているのではないかと思う。

（参考）Apple Wireless Keyboard(JIS)
　キーボードのサイズ配列は MacBook と同じで、操作性も普通のノートパソコンと同じである。Apple の心憎いばかりの戦略だろう。
　この Keyboard により、今まで iPad で大量のデータを入力する時に感じていた不満が解消した。

## 第15章 マインドマップ

### 1．マインドマップの成り立ち

　マインドマップは 1970 年代にトニー・ブザン氏が普及を始めた思考支援ツールである（Tony Buzan 著『Use Your Head』BBC Books、1974 など）。当初は、新しいノート法や記憶に役立つ手法として用いられていたが、弟のバリー・ブザン氏が論文執筆に活用してアイデア発想にも役立つことがわかった。

　脳のニューロンが情報伝達する様子から連想した放射思考、左脳の言葉の連想、右脳を刺激し記憶に残るイメージの活用など多くの脳科学の成果を取り入れている。放射思考についてトニー・ブザン著『ザ・マインドマップ』ダイヤモンド社、2005 より引用を行いたい。

> （以下引用）
> 　関連付けの枝を次々と伸ばしていくのが、脳の思考パターンである。ネットワーク上の無数の端末から、思考を放射状に発展させているスーパー・バイオコンピュータを想像してほしい。それが、脳を作る神経細胞のネットワークの構造だ。
> 　脳のスキルを活用し、放射思考でデータを収集し、学習を続ければ、学ぶことがもっと楽になる。
> 　放射思考という新しく刺激的な方法を活用するには、マインドマップを用いるのがよい。マインドマップは放射思考を外面化させたものだ。言葉やイメージのひとつひとつが次のつながりの中心となって、全体あるいは共通の中心から、無限に、枝のように伸びていく。マインドマップは 2 次元（平面）に描かれるが、実際には多次元の包括的な空間や時間や色を表している。

　また、マインドマップを理解するとマンダラートをより深く理解できる。

## 2．マインドマップの描き方：［12 のルール］

（ウィリアム・リード『マインドマップ・ノート術』フォレスト出版、2005 より引用）

1）無地の紙を使う
2）横長で使う
3）中心から描く
4）テーマはイメージで描く
- 枠なし
- 縦横 3〜5 センチ
- 3 色以上で

5）1 ブランチ=1 ワード
6）ワードは単語で書く
- フレーズで書かない
- ワードの階層づけをする

7）ブランチは曲線で
- メイン・ブランチはテーマイメージにつなげる
- メイン・ブランチからサブ・ブランチをつなげる
- メイン・ブランチからサブ・ブランチの太さを変化(太い→細い)させる
- 分岐は 45 度程度の角度をつける

8）強調する
- メインシンボルイメージを描く
- 3D で描く（立体的に）
- 飾り文字をつける
- カラフルに描く

9）関連づける
- 矢印を使う
- 記号を使う
- アウトラインで囲む

**１０）独自のスタイルで**
・ブランチの強調の仕方、イメージの描き方など自分のスタイルを発見しよう

**１１）創造的に**
・ユーモラスなイメージを使う
・記憶をうながすように

**１２）楽しむ**

⑤１ブランチ＝１ワード　　　　　　①無地の紙を使う
⑦ブランチは曲線で　⑥ワードは単語で書く　　②横長に使う

サブブランチ
メインブランチ
MIND MAP

⑨関連づける　　③中心から描く　　⑩独自のスタイルで
　　　　　　　④テーマはイメージで描く　⑪創造的に
　　　　　　⑫楽しむ　　　　⑧強調する

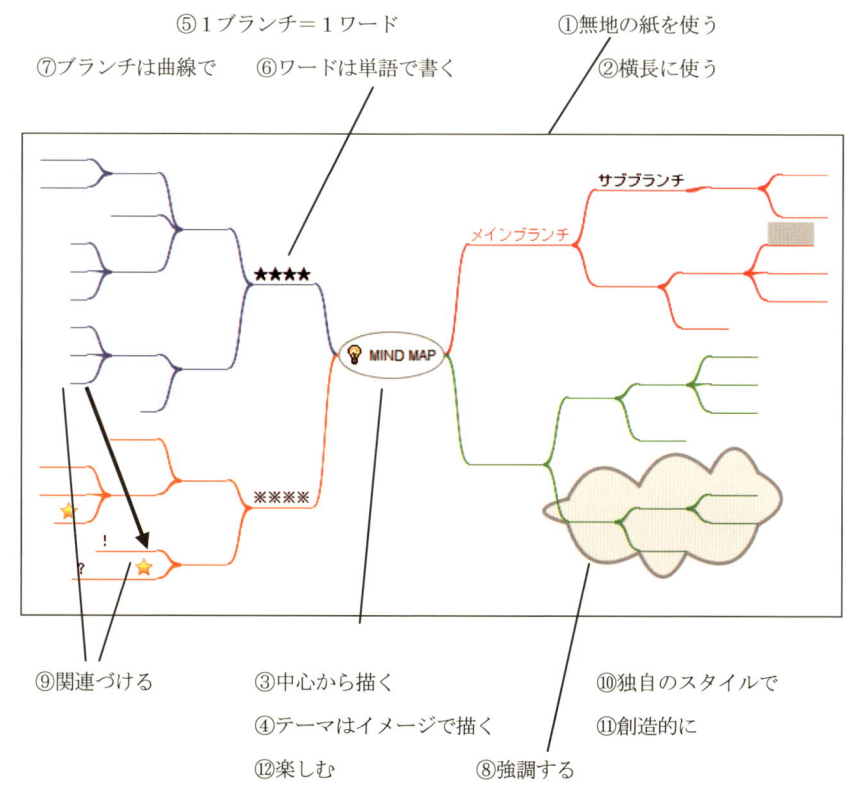

**図15-1 マインドマップの描き方：[12のルール]**
(図はFreeMindで作成)

## 3．マインドマップのソフト

以下の FreeMind と iMindMap は非常に使いやすい
(名称・価格は 2012 年 7 月現在のもの)
・FreeMind（フリーソフト）：WindowsPC 用ソフト
・iMindMap：iPhone 用ソフト（基本は無料だが、付加機能は有料）
・iMindMap：iPad 用ソフト（同上）
・iMindMap 6 Basic：Windows/Mac OS 用ソフト（無料、高機能版は有料）

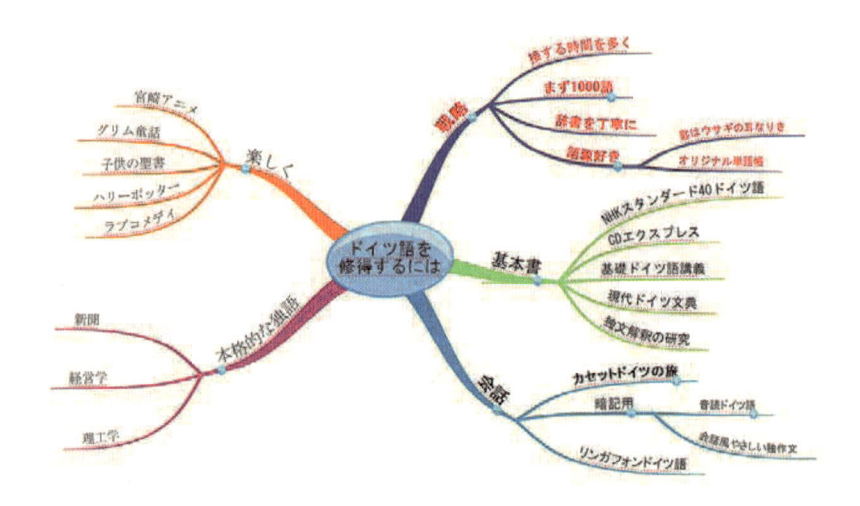

図 15-2 iMindMap Windows 版の使用例

　最近、iPhone、iPad、PC などの連携のよさから iMindMap を使う機会が多くなっている。iMindMap を使うと、ラフなものから詳細なものまで、自分の考えを気軽に表現できる。親和図の場合、ラベルを先に作成して似たキーワードを同士を集めて分類してくという作業を行う。相当気合いを入れてやらないとうまくいかない。その点、iMindMap は気軽に始めることができ、また、自然にアイデアが湧いてくるという体験をすることが多い。

## 4．マインドマップ作成時のポイント

### （1）強調
　マインドマップ作成時においては、キーワードを強調することが非常に大切である。強調の例としては、
- 文字を立体化する
- 雲で囲む
- イメージ（絵）を使う
- 中央ラインは太くし、重要性を強調する

などがある。

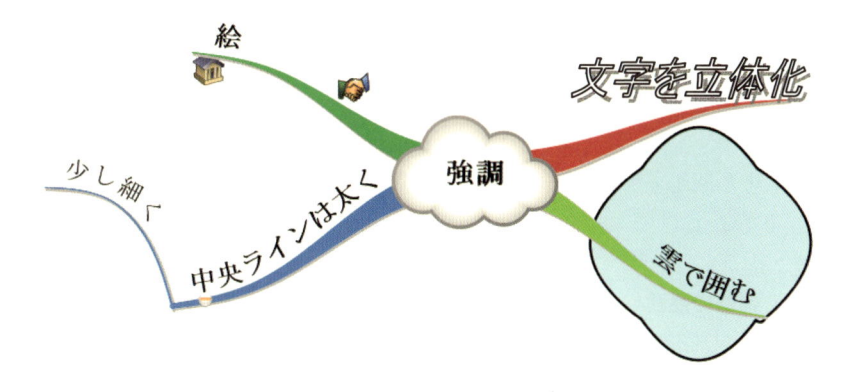

図 15-3　強調の例（図は iMindMap で作成）

### （2）BOI
　マインドマップの重要な概念として BOI（Basic Ordering Idea）が挙げられる。BOI とは、本の章立てのようなもので、メインテーマと関係の深い重要な言葉である。BOI を中央のメインテーマの回りに配置すると、論理的にわかりやすいマインドマップを作製することができる。
　トニー・ブザン著『ザ・マインドマップ』には、BOI を見つける方法として以下のものを挙げている。

- どんな知識が要求されているか。
- 本にするとしたら、章にどんな見出しをつけるか。
- 具体的な目的は何か。
- 7つほどの重要な項目は何か。
- 根本的な疑問は何か。「なぜ」「何を」「どこで」「だれが」「どうやって」「どれを」「いつ」などが、大きなブランチとしてうまく機能することが多い。
- こうしたものを含む、より大きな項目は何か。

## 5．マインドマップの使い方

マインドマップの使い方としては、非常に多くの応用例があるが、ここでは、代表的なものについて述べたい。

### （1）ノートテーキング
マインドマップはキーワードや絵を使い、脳の放射思考に従って描くので、ポイントの関連をうまく記録でき、記憶に残りやすいノートを作ることができる。書くことは少ないので、講義の内容にも集中することができる。

### （2）情報の整理
情報は、文章・図などいろいろな形で入ってくる。情報のキーワードを中心にマインドマップにまとめると、無駄が少なく、関連性をうまく表現でき、すっきりとした情報整理を行うことができる。

### （3）アイデア発想
脳は連想力に富み、言葉とイメージにより刺激を受ける。特に、アイデアの発生しやすい三上・三中などでiPhone用iMindMapやメモ用紙にマインドマップでメモを取ると、アイデアのキーとなる言葉やその連想を記録することができる。一度、アイデアのキーワードが見つかると、そのアイデアを具体化する方法や可能性を詳細に検討することが可能となる。

## （4）レポートや論文、書籍のアウトライン作成

　脳は全体性（ゲシュタルト）という性質を持っており、パターンや空間を埋めたいという欲求を持っている。また、あるキーワードを中心に連想が広がっていくので、論文の骨子となる BOI を記述できると次々と連想がわき起こり、書くべきことが表面化してくる。

　論文の執筆に行き詰まったら、行き詰まったところで中断し、別のことをやるのもよい。また、行き詰まったポイントを中心に新しいマインドマップを作成して構想を練り直すのもよい（この場合、iMandalArt を使うと、うまくいく場合もある）。

## （5）マインドマップ読書術

　重要な本を読むときに、本の中で出会ったキーワードと関連事項をマインドマップに書きながら進めていくと、内容についてのより深い理解をしながら読書を継続することができる。読み終わったときには、その本のポイントをまとめたマインドマップが出来上がっており、その本の内容についてのよい復習資料として保存することができる。

## （6）プレゼンテーション

　iMindMap HD（iPad 用）などには、プレゼンテーションモードがあり、ブランチごとのキーワードや図を順々に表示してくれる。このようなソフトを使うことにより、効果的なプレゼンテーションを行うことができる。

## （7）自己分析、志望動機

　就職活動において、自己分析や志望動機を書くのは非常に骨が折れる作業である。自己分析においては、長所・過去に褒められたこと・表彰歴と短所・失敗事例・どのようにそれを乗り越えたか・短所を補うために心がけていることなどをマインドマップで整理しておくとよい。また、志望動機については、自己分析結果と志望する会社の理念・仕事の内容・求められるコンピテンシーなどを対比し、Win-Win の関係になるものをまとめればよい。

## 6．マインドマップの例

以下にマインドマップで情報を整理した例を挙げる。

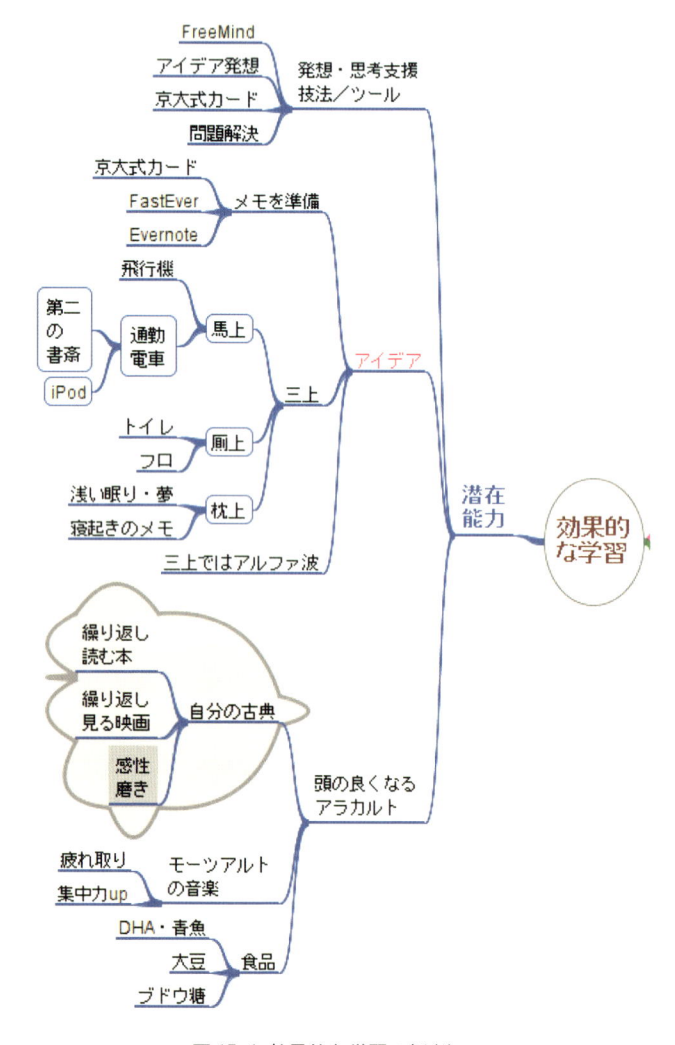

図 15-4 効果的な学習の例(1)

第15章 マインドマップ　99

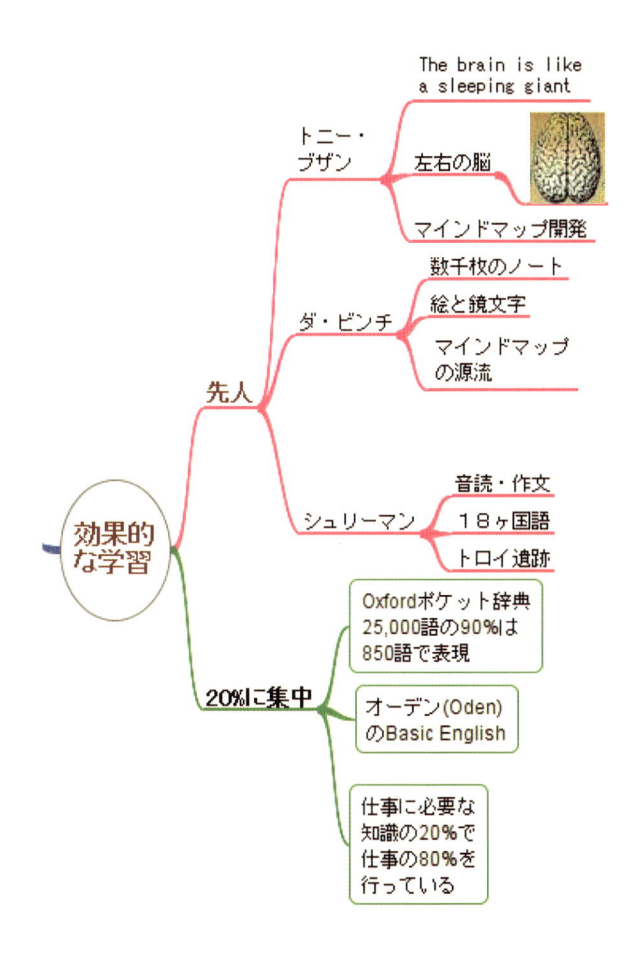

図 15-5 効果的な学習の例(2)

## 付録1　仕事の進め方マンダラート

　ここでは、参考として仕事の進め方マンダラートの全体像を紹介する。仕事の進め方マンダラートは、筆者が参事補（係長クラス）になったときに、それまでの仕事に対する考え方をまとめるつもりで作成した。仕事というものはトラブルが多いこと、根気よく対策を打ち続けていればトラブルは乗り越えられる場合が多いこと、トラブルを避けるためにはあらかじめ多面的に検討しておかなければらなないこと、日頃の自己啓発が大事なこと、何らかのアイデア発想ツールを使うと想像以上の成果が得られること等を痛感したことがその根底となっている。これらのことに心掛け、幸い30歳代前半までに社長賞につながる5件の仕事に参画することができた。

### 1．自己啓発

　最初のマンダラートは自己啓発である。自己啓発を続けた場合と何もしない場合の差を考えて欲しい。長い人生で大きな差が出るに違いない。自己啓発の方向は多種多様だが、続けることが一番大切である。

　自己啓発の基本は、問題意識を持つことである。自己啓発のテーマとしては、仕事に関係する事柄の自己啓発と生涯教育としての自己啓発である。例えば、仕事に関係する自己啓発としては関連する資格取得や業務の基礎知識に関する勉強がある。また、生涯教育としての自己啓発には、創造性開発の手法を研究するとか、TOEICで高得点を取る、留学のための勉強をする、速記の資格を取る、漢字検定にチャレンジするなどがある。

| ④教えることが最大の学ぶこと<br>教えることを避けるな | ⑤自分の古典をつくる<br>繰り返し読む本を作る、知的生活 | ⑥創造性開発の努力を続ける<br>少なくともツールを活用する |
|---|---|---|
| ③あなたの要素技術は？<br>よって立つ要素技術はいくつある？ | I<br><br>自己啓発 | ⑦資格取得<br>2〜3年かけてじっくりと<br>時代の流れに乗る |
| ②心の壁打破<br>諦めたらもう伸びない、自分の能力をもっと信じる | ①左右脳の活用<br>脳の1〜2％しか使っていない<br>右脳をもっと使う | ⑧多読のススメ<br>3,000冊位を目標に置くと長続きする |

**図付1-1 自己啓発**

## 2．情報の理解

　昔、留学中に電磁気学の授業を受けているとき、ひとりの生徒が質問した。Professor Plonus, why do you assign so much homework?（どうしてそんなにたくさんの宿題を出すんですか？）そのときの回答が、Familiarity is a kind of understanding（なじみ深くなることが、理解の一部）だった。その回答を聞いた後は宿題の多さに文句を言う学生はいなくなった。人が「わかった」という気持ちになるのはどういうときだろうか。身内の方が他人より理解できているし、外国人よりも日本人の方がなんとなく理解できるような気がする。それは、familiarity の差であるといえる。また、疑問が起きた時にそのことばかりを考え続けたり、関連情報を集めているとわかったという気になるときが訪れる。やはり、キーワードは familiarity である。

　また、基本がしっかりできている場合とそうでない場合、情報理解の差が大きくなる。同じ世界情勢に関する情報が流れても、政治的もしくは経済的な基礎知識があるかどうかで理解力に大きな差が出るだろう。

| ④疑問を持つ<br>好奇心を持つ<br>疑問を持ち続ける<br>とホントにわかる | ⑤基本的なことに<br>じっくり時間をか<br>ける<br>基本こそ大事 | ⑥分解と組立て<br>内容をユニットに<br>分解して、構造化し<br>てみる |
|---|---|---|
| ③Familiarity<br>is a kind of<br>understanding<br>親しみから理解へ | II<br><br>情報の理解 | ⑦マトリックスで<br>整理してみる<br>もつれた問題もす<br>っきり整理 |
| ②背景と位置付け<br>事象には原因と<br>結果がある | ①キーワード<br>キーワード捜し | ⑧Discussion で<br>理解を深める<br>他人の発想で思考<br>の転換を |

図付 1-2 情報の理解

## 3．報告書

　報告書に関するエピソードを紹介したい。筆者がソフトウェア研究室長を担当していた頃に、ある重役から今後のシステム戦略に関する B4×1 枚の資料を作成するように指示されたことがあった。頭をひねって UNIX によるダウンサイジング戦略について資料を作成して持参した。その資料を見たとたん、頭ごなしに一喝された。「こんな資料を年寄り連中の重役の誰が理解できると言うんだ！」　確かに、UNIX 関連の専門用語が多すぎたかも知れない。システム嫌いの重役が多いとのウワサもあった。結局、図解を多用して従来の大型コンピュータから UNIX サーバとパソコンをネットワークで接続したコンピュータ群に変化していく様子を描いて了解をもらった。要するに、会議の資料は説明を受ける側の理解力に合わせて作らないと価値がないことを痛感した。

　どの管理職も同じだと思うが、部長以上で構成される会議のために作成する資料は本当に気を遣うものである。部門内で常識として通用する資料は、部門外の会議では通用しない場合が多い。部門内の常識で外部で通用しない言葉を jargon というが、部門内の資料は jargon だらけである。

| ④イメージ化<br>イメージ活用<br>俯瞰できるか | ⑤苦労の訴え<br>困難をどう乗り越えたか<br>ストーリー性 | ⑥個性を出す<br>ひと味違う<br>突っ込みが深い |
|---|---|---|
| ③メリハリ<br>キーワード<br>良い点と<br>悪い点 | Ⅲ<br><br>**報告書** | ⑦ロジカル展開<br>流れは？<br>タイトルと本文の一致<br>項目レベル |
| ②構造化<br>起承転結<br>階層構造化 | ①ABC<br>Accuracy：正確<br>Brevity：簡潔<br>Clarity：明確 | ⑧報告する相手に合わせる<br>何を記憶して欲しいか<br>jargon はないか |

図付 1-3 報告書

## 4．仕事のしくみ

　仕事には個人レベルの仕事、組織やプロジェクトレベルの仕事など多種多様なものがある。ルーティーンワークに関してはすぐに精通することができるが、プロジェクト（毎回その内容が異なる初めての仕事）の場合は、何が起こるか予測できない。それでも、新規プロジェクトを成功に導くプロジェクトリーダーが存在するものである。東芝のS氏のように、海外の鉄鋼プラントの立ち上げのテレビドキュメントにも登場する怪物のような人もいる。

　そのような人と一緒に仕事をすると、仕事とは何かという点で学ぶべきものが多い。特に、トラブルが起こった時の対処方法などは泰然として情報整理をして対処手順をテキパキと指示していく。トラブルが起きた時に本当の実力を知ることができるように思う。

　最近、プロジェクト管理に関してはPMBOK(Project Management Body of Knowledge)として標準化が進み、その内容が世界的に活用されている。ただ、生きたプロジェクト管理のできる人材（大規模プロジェクトの修羅場を生き抜いてきた人材）はそれほど多くはない。

| ④Span of Scope どこまで仕事の展開を読んでいるかが実力の差 | ⑤プロジェクト管理<br>1. 工程管理<br>2. 要員管理<br>3. 予算管理<br>4. 機器設備管理<br>5. ソフト管理<br>6. 品質管理 | ⑥クリティカルパス意識 クリティカルパスをクリアできないと大幅に遅れる |
|---|---|---|
| ③見積り能力 予算・期間・要員・設備(キン・トキ・ヒト・モノ)の見積りができて一人前。負荷を見積り、負荷分散。 | Ⅳ<br><br>**仕事のしくみ** | ⑦失敗する仕事 失敗の兆候はかなり初期段階で感じられる。そこで手をこまねいていると大きな失敗へ。 |
| ②中期と短期の仕事のサイクルを念頭に 半年に1回は短期計画と中期計画(3年)の見直しを | ①開発業務のサイクル<br>1. 調査・分析<br>2. 案画・予算申請<br>3. 基本設計<br>4. メーカー製作<br>5. 現調・テスト<br>6. 適用・評価 | ⑧残件リスト 残件は根気強くひとつひとつ潰していく |

図付1-4 仕事の仕組み

## 5．対外折衝

　対外折衝の重要性について痛感したのは、システム部門と工場との打ち合わせやコンピュータメーカーとの打ち合わせを行いながらシステム開発を行い、完成まで1〜2年かかった間に体験した種々のトラブルや成功の体験をしたときである。1年前に押した印鑑の意味が後に追加料金となってやっとわかるとか、あのときに十分に考えなかったために後にトラブルの原因を作ってしまったとか、仕事のサイクルを何回か繰り返さないとわからないことが多い。

　「書いたもので勝負」とは、後々に「言った、言わないでもめる」ことを避けるために、最低限行わなければならないことである。

| ④書いたモノで勝負<br>「言った言わない」のトラブル回避 | ⑤ケジメは守る<br>守らせる<br>1. 納期<br>2. 予算<br>3. 仕様<br>(仕様変更は恥) | ⑥相手の承認は必ず取る<br>承認仕様書のような形態で残す努力 |
|---|---|---|
| ③会議の活用<br>会議終了時、今後の課題・分担、期限を明確にする | V<br><br>対外折衝 | ⑦独りよがりはないか<br>相手の立場に立って考えてみる |
| ②仕事を通じての信頼関係を築く<br>信頼関係ができると仕事が進みやすくなる | ①折衝とは<br>敵の衝いてくる矛先をくじき止めるの意から外交その他の交渉での談判または駆け引き | ⑧相手のレベルに応じて<br>相手の実力・レベルを見極め、正しく対応 |

**図付1-5 対外折衝**

## 6．リスクマネージメント

　リスクマネージメントはアイデア発想によく似ている。手順も決まっているし、事前にBSで発生しうるリスクの列挙を行わなければならないし、それぞれのリスクが発生した場合の状況と対策を予測し、最善の策・次善の策など代替案も準備しなければならない。リスクが発生すれば、その拡大防止のための方策をテキパキと打っていかねばならない。事前にやるべきことを想定してシミュレーションや訓練ができていないと適正で迅速な対応を行うことはできない。また、リスクの発生した原因を調査して、再発防止のための方策を立案しなければならない。再発防止策は、実現可能なものもあるし、コスト的に実現が困難なものもあるだろう。人的なもの、設備的なもの、技術的なものなど種々の対策が考えられる。その中から重要なものや実現可能なものを選択して、規準・制度や教育として定着させていかなければならない。

　日頃から「最悪に備えよ」「悲観的に準備し、楽観的に対処せよ」という心掛けが大切である。

| ④脅威 | ⑤セキュリティ3原則 | ⑥RMの手順 |
|---|---|---|
| 自然災害<br>障害<br>エラー<br>不正(犯罪) | 1.物理的対策<br>2.技術的対策<br>3.管理的対策 | 1.資産の識別<br>2.脅威の識別<br>3.リスク分析<br>4.対策設計<br>5.対策導入 |
| ③脅威とリスクは違う<br><br>リスクは対策により軽減できる | Ⅵ<br><br>リスク<br>マネージメント<br>RM | ⑦リスク分析<br>1.リスクアセスメント<br>(リスク額予測)<br>2.リスク評価<br>3.セキュリティレベル設定 |
| ②最悪に備えよ<br><br>悲観的に準備し、<br>楽観的に対処せよ | ①RMのサイクル<br>1.予測・予知<br>2.検知・防止・回避<br>3.対処と拡大防止<br>4.再発防止 | ⑧電子計算機システム安全対策基準<br>設備基準<br>技術基準<br>運用基準 |

（注）このマンダラートは1990年の情報により作成。現在は、ISMS（情報セキュリティマネジメントシステム）などの標準が作成されている。

図付1-6 リスクマネージメント

## 7．トラブル・シューティング

　昔、和歌山製鉄所に勤めていたころ、熱延工場の72時間保全（年に2回ほど、製造ラインを停止して機械・電気・システムの改造を行う）が終了し、徹夜明けのメーカー担当者やシステムの担当者が引き揚げた後、上司のS参事（課長クラス）と筆者（参事補：係長クラス）で熱延プロコン（プロセス制御用コンピュータ）の留守番をしていたことがある。熱延プロコンは製鉄所内で最も複雑なプロコンシステムと言われていた。筆者は熱延プロコンに関しては素人で、S参事も管理職になってからは、実際の作業は部下に任せていた。

　午後になってから、熱延プロコンで異常が発生し、製造ラインが停止してしまった。メーカー担当者やプロコンの担当者を呼んでいては間に合わないことがわかり、2人で対策をすることになった。異常発生時のログを追跡し、今回の72時間保全で改造した部分に原因があることがわかった。製造指示を出している上位コンピュータと熱延プロコンの改造に不一致があったのである。仮

対策として上位コンピュータの処理を改造前の状態に戻してもらい、製造を再開した。

| ④問題点の切り分けを<br>ハード・ソフト要素単位分割と異常個所の切り分け・絞り込み | ⑤故障診断機能の組込み(設計時)<br>自己診断機能<br>折り返しテスト<br>模擬入出力<br>模擬伝送モード | ⑥再現テスト<br>原因究明のための再現テストを実施する |
|---|---|---|
| ③専門家を集める<br>問題は1人で抱え込まない | Ⅶ<br>**トラブル・<br>シューティング** | ⑦再発防止対策<br>当面の仮対策だけでなく、根本的な再発防止策を講じておく |
| ②正常に動いていた状態に戻す<br>最終目撃者を疑え<br>(直近の改造は？) | ①事実の把握<br>トラブルは混乱と共にやってくる<br>まず事実関係を知る | ⑧報告書<br>トラブル内容、被害状況、原因、再発防止策を報告書にして残す |

(注) 主に計測制御システム・組込みシステム・プロコンシステムを想定

図付1-7 トラブル・シューティング

　筆者は、数え切れないほどのトラブルを体験したが、このときのトラブルが一番印象に残っている。素人に近い2人でよく解決できたものだと思う。このときに痛感したのが、「トラブルは混乱と共にやってくる」「正常に動いていた状態にとりあえず戻す」ということである。

## 8．企画

　企画を行う場合、企画の手順と対象となる分野の情報の分析、課題の発見、課題の解決のための各種手法の活用、アイデア発想などが必須である。例えば、新商品や新システムを開発する場合、業界動向や先行事例・類似の事例、特許調査などを事前に行わなければならない。また、実現コストや収益性などの現実的な検討も表裏一体で行わなければならない。

　最近の傾向としては、コクヨのデザイン・アワードのように一般の文房具利用者やデザイナーから新商品のアイデアを公募したり、SNSを用いた情報収集を行ったりと、社外の知を集約する手法も多くみられるようになった。

| ④制約条件に制約されるな<br>「できる」ことを「できなく」している制約をひとつずつ取り払っていく | ⑤KFSは何か<br>成功の鍵<br>(Key Factors for Success)<br>は何か？ | ⑥独創性は氷山の一角<br>水面下でどれだけ充実しているかが決め手 |
|---|---|---|
| ③トレンドの読みが企画の差<br>見え隠れするトレンドを敏感にとらえる | Ⅷ<br><br>**企画** | ⑦企画の評価<br>企画の有効性とリスクは表と裏の関係にある |
| ②企画とは<br><br>未来にシフトした現実である | ①企画のサイクル<br>1.調査分析<br>2.研究・判断<br>3.計画<br>4.組織化<br>5.分担・体制<br>6.実施統制 | ⑧移行計画<br>最終の姿は描けても、どうやってその姿にもってゆけばよいか解けない場合あり |

（注）本内容も1990年当時に考えていたものである。

図付1-8 企画

## 9．その他

　最後にその他として種々のものを集めてみた。その中でも特に気に入っているのが、「真理は単純で美しい」という言葉である。ソフトウェアでもうまいプログラムは非常に短いコードで実現できたりする。また、正解といえるものほど、簡潔な表現や絵にできるように思う。

| ④コスト意識の徹底<br>投入コストに見合う成果が得られない仕事に手を出したら評価は低い | ⑤育成という意味では未経験者に、いざというときはベテランに任せる | ⑥問題の先送りはするな<br>先送りしやすい問題ほど重要な問題 |
|---|---|---|
| ③改善の余地は常にあり<br>日々改善の努力を継続 | Ⅸ<br><br>**その他** | ⑦真理は単純で美しい<br>よく理解すると単純に見えてくる |
| ②事実に基づく判断<br>「たぶん・・・」<br>「・・・と思う」<br>は判断時には禁句 | ①仕事は自分の作品<br>自分の作品を残す<br>仕事は冊子で残す | ⑧ホウレンソウとソーセージ<br>報告・連絡・相談、創造性・整理整頓・時間管理 |

図付 1-9　その他

## 付録2　外国語上達法
（千野栄一著『外国語上達法』岩波新書、1986 を参考に作成）

　千野栄一 氏は、英語・ドイツ語・フランス語・チェコ語他多くの外国語をマスターした言語学者である。『外国語上達法』は最もすぐれた語学書だと思う。

## 1．語彙 ── 覚えるべき 1,000 の単語とは？

　血肉としての語彙である。基本の 1,000 語が載っている、よい語学書を徹底的に学習する。それも短期間に学習するのがよい。やみくもに理屈なしにこの 1,000 語を覚えるのがよい。この 1,000 語を覚えると、1,500 語を覚えるのもそれほど時間がかからない。1,500 語を覚えると、その言語に関する基本的な感覚が身につき、もう失速することはない。
　言語学の教えるところでは、大体どの言語でも、最初の 1,000 語でテキストの 60～70％は理解でき、3,000 語を覚えれば、テキストの 90％は理解できる。

## 2．辞書

### （1）頻度数のデータのある辞書がよい
　例えば、『ライトハウス英和辞典』研究社、1984 では、最重要語 1,000 語に****、次の 1,000 語に***、次の 2,000 語に**、次の 3,000 語に*印がついているので、****と***の印の語を知らなければ大事件、**まで知っていれば第一期は終わり、*まで知っていれば上出来、無印のものは辞書にまかせればいいということになる。

### （2）よい辞書の条件
　よい辞書は以下の条件を備えているべきである。

① 探している語が出ている辞書
② その語に自分の読んでいるテキストに合う訳の出ている辞書
③ 訳の他にも、必要とする文法的事項が出ている辞書
④ 熟語と一般に言われている、語以上のレベルで現れる用法がよく出ている辞書
⑤ よい用例のあがっている辞書
⑥ 読みやすく、興味を持たせるように作られている辞書

## 3．よい学習書とは

### （1）語学書は薄くなければならない

とにかく、ひととおり最後まで学習でき、繰り返し学べるものがよい。これを基本書にすべきである。

### （2）基本の1,000語が載っているものがよい

基本の1,000語は、学習書で習得するのがよい。また、よい学習書には、まとまった話題（例文）が載っているものである。

### （3）巻末に基本の1,000語の要約があればさらによい。

小塩節著『CDエクスプレスドイツ語』白水社、1999などは500語レベルだがすぐに完了できて自信をつけるのによい。佐藤純一著『NHK新ロシア語入門』日本放送出版協会、1969や山田善郎著『NHKスペイン語入門』日本放送出版協会、1979には1,000語程度の語彙リストが巻末に掲載されていて便利である。

## 4．文法書

文法の基本は10ページに納まるものである。冠詞、名詞の性、代名詞、格変化、現在・過去・完了形・未来・仮定法、接続詞、前置詞、関係代名詞など

を網羅していれば文法の基本を習得することができる。

## 5．良い先生

　良い先生の条件は、発音がよいこと、熱意そして知的な魅力を感じること、単語と文法を少しずつ確実に教えてくれることなどである。

## 6．会話 ── あやまちは人の常、と覚悟して

　とにかく使わないことには上達しない（黙っていては始まらない）。あやまちは人の常、と覚悟して会話を始めるべきである。ただし、会話の中身が大切なので、日頃から教養を高める努力を積み重ね、話題の種を増やしていくべきである。

## 7．文化と歴史を知ること

　その言語に強い憧れを持ち、文化を尊重してその歴史を知ると、言語の習得に対する意欲が増す。その言語の背景となる文化と歴史を話題にできると、会話も充実した内容になる可能性が高い。

## 8．自分のレベルにあった学習の継続

　背伸びをしすぎると学習したことはすぐに忘れ、レベルが低すぎるといつまでたっても上達しないという結果になってしまう。学習の中身は基礎体力作り的なものと、自分の現在のレベルにあったもの（ちょっとだけ背伸びをした程度：6割~8割程度は理解できるもの）の両面作戦で取り組むのがよいと思う。

# 付録3　記憶の工夫

　記憶は情報の分析やアイデア発想と密接な関係にある。記憶方法を工夫すれば物事を覚えやすくなるし、練習をすれば記憶力は強化できるものである。

## 1．継続的に接する

　Out of sight, out of mind（去る者は日々に疎（うと）し）ということわざ（諺）がある。その情報に興味がなくなり、接する機会が減少するとどんどん忘れてしまう。大学入試で覚えた事柄や大学の授業で学習した内容も、接する機会が減少すると瞬（またた）く間に忘れてしまう。忘れないためには、継続的に接するのが基本である。

## 2．メモ名人と復習名人

　成績の良い人は大抵メモ名人であり、復習名人である。太田あや著『東大合格生のノートはかならず美しい』文藝春秋社、2008 や東大生の勉強法を検証する 2012 年 2 月 26 日の「所さんの目がテン」で放映された「東大生の勉強法を検証する」のように、メモの取り方で記憶力に差が出ることがわかる。逆に、メモを取らない学生の成績はあまりよくない。また、メモを取らない学生ほど忘れ物が多い傾向があるように思う。これは、脳の一時記憶は 7 チャンクが限界であり、メモと復習の要であるノート術で成績に大きな差が出るといえる。メモを取らないことには大切な情報は記憶からどんどん消えていくし、復習もできないからである。
　また、メモの工夫をしている人は復習名人でもある。時折、手帳やノートを見直したり、ノートに補足情報を書き込んだりする。ノートに接する時間が多いので、記憶に残る情報も多くなる訳である。

## 3．強い憧れを持つ

　韓流ブームというのがある。前に勤めていた会社のある OL グループは韓国スターに強い憧れを持ち、ハングル語を流暢に話せるようになっていた。ドラマや映画を繰り返し見ているうちに、自然に覚える場合もあるし、韓国に旅行したいと思い続けて、強いインセンティブでハングル語会話を勉強し続けてマスターしたのだろう。

## 4．80 対 20 の法則を活用する

　外国語の習得では、頻出語の基本語 1,000 を覚えることが非常に重要である。単語の使用頻度が、20%の単語が 80%の割合で使用されるという 80 対 20 の法則に従っているからである。佐藤純一著『ロシア基本単語集』白水社、1965 でも、新聞プラウダの調査で基本語 2,966 語が 1965 年 3 月 16 日、17 日、18 日で平均 84%、重要語 864 語で平均 68.5%の頻度で使われていることが述べられている。したがって、80%の頻度で使われる重要な 20%をまず修得することが効率的な記憶法といえる。また、p.20 (4)で述べたことを再確認したい。

## 5．記憶のキーを準備しておく

　思い出すきっかけとしての記憶のキーを準備しておくと、うまく思い出せるものである。記憶のキーとしては、場所のキー、時のキー、連想のキーなどがある。

### （1）場所のキー
　場所のキーとは置き場所を決めておくことである。例えば、家の鍵、財布や時計など日常的に絶対に忘れてならないものは、置く場所や入れ物を決めておくべきである。出かけるときにその場所から取り出し、帰ってきたらその場所に戻す。

## （2）時のキー

　時のキーとは、やるべきことの曜日や時刻を決めておくと、思い出すきっかけを作ることができるということである。例えば、日曜日の夜には先週の実績と今週の予定を作成するということが挙げられる。そして、決められた時に、この予定表で確認するとミスの少ない毎日を送ることができる。

## （3）連想のキー

　覚えにくいモノになんらかの連想のキーを付けると思い出しやすくなる。例えば、「りそな銀行」の名前をいつも思い出せなかったが、「あいうえおの後の方（ら行）で、『理想の』に似た名前の銀行」と2段階の連想のキーをつけてからは思い出しやすくなった。

## 6．情報を分類し、一度に覚える情報量を減らす

### （1）分類する

　特性要因図でイメージの活用について簡単に述べたが、情報の構造を明らかにして分類してみるとか、9個の項目を3×3に再整理して情報量を減らすと覚えやすくなる。脳は3チャンク（3つの塊）までは自然に覚えることができる。例えば、日本の47都道府県を覚える場合、各地方に分類し、また、東北地方の各県を下図のように配置してみる（日本海側3、太平洋側3）と非常に覚えやすいことがわかる。

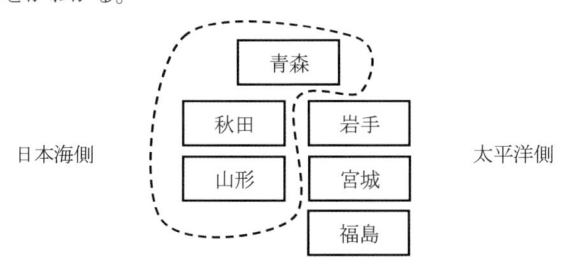

図付 3-1　東北地方を覚えやすくした例

## （2）頭字法と語呂合わせを活用する

　また、語呂合わせの例であるオズボーンのチェックリストの覚え方「ださく似たおち」は、各用語の字頭を並べたもので「頭字法」といわれる。徳川十五将軍を例にとる。

　①家康、②秀忠、③家光、④家綱、⑤綱吉、⑥家宣、⑦家継、⑧吉宗、
　⑨家重、⑩家治、⑪家斉、⑫家慶、⑬家定、⑭家茂、⑮慶喜

将軍たちに「家」が付く人が多いので、名前の2文字目に着目する（秀忠のみ1文字目）と「康秀光綱吉宣継宗重治斉慶定茂喜」となり、言い換えて「甲州高校良し先生、始終小さい検定模擬」として覚える有名なものがある。字頭法で情報を減らすことにより覚えやすくしている。

## 7．漢字や外国語の単語は語源的アプローチが有効

### （1）漢字の習得方法は藤堂方式がよい

　藤堂明保著『漢字源』学研、1988、藤堂明保著『例解学習 漢字字典』小学館、2003、藤堂明保・加納喜光 編『小学生の漢字早おぼえ字典』学習研究社1990などは藤堂方式に従って編纂された辞書・字典である。藤堂方式とは、例えば、「注」「住」「柱」「駐」の「主」が「ローソクの火が燃える様子を表しており、1カ所に留まるという意味を持つ」ことから、「注は水が1点に注がれる様子」「住は人が1カ所に住むこと」「柱は家の中心にあって支えている木」「駐は馬が1カ所につながれている様子」などから漢字を習得しようというものである。また、隹はチャボ（鳥）のことで、「ずんぐりした、重い、鳥」という意味がある。したがって、推（重いものを押す）、錘（重り）、集（旧字は、上の隹が3つで鳥が木の上に集まった様子）などは、隹の意味をよく理解すると、とても覚えやすくなる。

### （2）外国語の単語は語源で覚えるのがよい

　外国語の単語は出現頻度の非常に高い400~500語ぐらいまでは最初の教科書で覚えることができるが、なかなか1,000語の壁を超えることができない。

英単語の場合、山並陞一著『語源でわかった！英単語記憶術』文藝春秋、2003、田代正雄著『語源中心英単語辞典』南雲堂、1984 などの名著があるし、ドイツ語の場合、石川光庸他著『立体学習　ドイツ重要単語 2200』白水社、1987、下宮忠雄編著『ドイツ語源小辞典』同学社、1992 などがあり、単語力を大幅に増強することができる。

　石川光庸著『匙はウサギの耳なりき』白水社、1993 は絶版になってしまったが、ドイツ語の語源への興味を持ち始めるのに最適な著書といえる。語源学は、Etymoology という。ロシア語にも英語版だが George Patrick 著『Roots of the Russian Language』McGraw-Hill、1989 という良書がある。

## 8．語呂合わせは非常に長く覚えていられる

　3 や 5 の平方根である「人並みにおごれや」「富士山麓オーム鳴く」、球の体積の公式「身の上に心配アール参上す」（$4\pi r^3/3$）などは、何十年も覚えている。これらは、語呂合わせの名作ではないだろうか。

　小林正光著『チャート式化学』数研出版は分厚い参考書ながら絶妙な語呂合わせで重要ポイントを覚えることができるチャートを多く提供していた。おかげで筆者の化学の成績は非常によかった。大学入試対策では、分厚い参考書を利用すると時間切れになることが多いと言われるが、『チャート式化学』だけは例外的に入試に役に立った分厚い参考書である。

　語呂合わせの代表的なものと常識的な知識を集めた村木俊昭著『ニッポン式お勉強』角川 SS コミュニケーションズ、2007 は、語呂合わせの名著といえる。かつて常識的な知識をつけてもらうためのゼミテキストとして利用したこともある。

## 9．記憶術・記憶法の本を何冊か勉強してみる

　これは、人によって好き嫌いがあり、強く勧めることはできないが、NHK オンデマンドで 2009 年世界記憶力選手権の映像などを見ると、記憶術が脳・

記憶力の強化練習に役立つに違いないという気にさせてくれる。筆者の場合、中学時代に少年マガジンの記事で記憶術の基本を知り、高校時代に渡辺孝彰著『記憶術の実際』主婦の友社、1961 を入手して本格的に記憶術の勉強を始めた。茂木健一郎著『脳を活かす勉強法』PHP 研究所、2007、ウィリアム.W.アトキンス著『記憶力』サンマーク出版、2009、ドミニク・オブライエン著『記憶力世界一チャンピオンの㊙記憶術』産調出版、2010 なども参考になる。ちなみに、世界記憶力選手権は、マインドマップのトニー・ブザンが 1991 年から開催している 10 種類の記憶力テストからなる大会で、ドミニク・オブライエンは 8 回優勝している。

渡辺式記憶術は、基礎結合法、連想結合法、数字変換法などが基本手法で、練習により連想力が強化されるとしている。渡辺式とほぼ同時期に坂井照夫著『記憶術入門』富士書店、1961 が発行されている。坂井照夫著『100 万人の記憶術』旺文社、1975 は結構売れたのではないかと思う。先に述べた、分類法や字頭法などは坂井氏の著書で紹介されている。

## １０．数学や物理の記憶法・勉強法は？

数学や物理の特別な勉強法は無いと思う。筆者の大学時代の同級生で工学部が創設されて以来最も好成績を挙げた友人がいる。ここでは、彼の勉強法を紹介したい。彼の方法は、教科書と教科書傍用問題集（スタンダード）をボロボロになるまで繰り返すことだった。実際に彼が高校時代に使っていた教科書、問題集、英和辞典を見せてもらったが、非常に使い込んでいるのがわかった。こんな単純なことだが、実践できる人は少ないと思う。分厚い参考書を買うと安心してしまうが、入試対策としては時間切れの場合が多い。

数学とか物理学に興味のある人は、一生モノの付き合いと考えて時々接してみるのがよいと思う。先日、「日本 No.1 の頭脳王！大決定戦！！」というクイズ番組で「万有引力を用いて太陽の重さを求めなさい」という問題が出された。自分でも時間をかけて解いてみたが、いろいろと常識として知っていなければならないことがわかった。この問題は太陽と地球の距離を知っていれば、

ケプラーの法則を使わなくても解くことができる。太陽と地球の距離を求める場合、太陽の光が地球に届くまで約 500 秒かかるということを知っていると役に立つ。光速が 30 万 km/秒だから、太陽と地球の距離は 1 億 5,000 万 km である。ちなみに、地球の円周は 4 万 km である。光は地球の周りを 1 秒間に 7 回半回れるので簡単に計算（30 万 km÷7.5）できる。

　数学と物理に関しては、受験生は教科書とできるだけ薄い問題集を繰り返し勉強し、大人は継続的に数学・物理に接していくことが肝要である。森毅氏や遠山啓氏の著書や関連する一般的な啓蒙書などを読むのもよいと思う。

（注）就職試験によく出される「フェルミ推定問題（地頭力問題）」は、常識的な知識を使って概算値を求めさせる問題である。光速や球の体積・表面積などの公式は、常識として覚えておくべきものである。

## １１．繰返し読む自分の古典（基本書）を作る

　物理、数学、英語、経済学、経営学、小説、自己啓発などの各分野で繰り返し読む自分の古典（基本書）を意識して作るのがよい。渡部昇一著『知的生活の方法』講談社、1976 には『大学諺解（げんかい）』という一冊の本を 10 年以上繰返し読んで古文辞学派の創始者となった荻生徂徠（おぎゅうそらい）の話が出ており、精読の効果が繰り返し強調されている。渡部氏自身、おもしろいと感じた本は 10 回も 20 回も読み、ある書物のセンスを身につけるためには、再読・三読・四読・五読・六読しなければならないと述べている。英検面接委員、代々木ゼミナール専任講師などを歴任されている吉ゆうそう氏の著書『英語超独学法』南雲堂、1996 でも「恩書をもて」とノウハウを紹介しているが、これも「自分の古典を作る」のと同じ意味である。

　ある分野のセンスを身につけるためには、「自分の古典」といえる基本書を見つけて繰返し読むべきである。たくさんの本を読んだだけでは、表面的なことしか習得できない。

## ＜参考文献＞

- [1] 荒井 千暁『「こんな職場じゃやっていけない!」と思ったら読む本』PHP 研究所、2010
- [2] 安西 祐一郎『問題解決の心理学』中公新書、1985
- [3] 石桁正士『情報処理的問題解法』パワー社、1990
- [4] 市毛 明『読み・書き・発想する技術―3 分割法による驚異の頭脳トレーニング』中央経済社、1998
- [5] 池谷 裕二『最新脳科学が教える 高校生の勉強法』ナガセ、2002
- [6] 井上 哲夫『コンサルティング・パンニャ』日本経営振興協会、1996
- [7] 今泉 浩晃『創造性を高めるメモ学入門』日本実業出版社、1987
- [8] 今泉 浩晃『マンダラ MEMO 学』オーエス出版、1998
- [9] ウィリアム・リード『記憶力・発想力が驚くほど高まるマインドマップ・ノート術』フォレスト出版、2005
- [10] 上田 利男 他『事例に学ぶ問題解決のすすめ方』PHP 研究所、1983
- [11] 上野 一郎『問題解決の知恵』六興出版、1978
- [12] 後 正武『意思決定のための分析の技術』あさ出版、2001
- [13] 梅棹 忠夫『知的生産の技術』岩波書店、1969
- [14] NHK「プロフェッショナル」制作班『プロフェッショナル 仕事の流儀 英語講師 竹岡広信の仕事 "なにくそ!" 負けたらあかん [DVD]』NHK、2006
- [15] 大西泰斗、ポール・マクベイ『ハートで感じる英文法』日本放送出版協会、2005
- [16] 岡本 浩一『上達の法則』PHP 研究所、2002
- [17] 加藤 昌治『考具 ― 考えるための道具、持っていますか?』阪急コミュニケーションズ、2003
- [18] 川喜田 二郎『発想法―創造性開発のために』中央公論社、1967
- [19] 北門 達男『システムの分析と設計』大学教育出版、2008
- [20] 木村 孝、高橋慶治『問題解決のための質問力』オーエス出版社、2003
- [21] 教育理学研究会『すぐに使える問題解決法入門』日刊工業新聞社、2005
- [22] 教育理学研究会『問題解決演習ワークブック 初級編』綜文館、2001
- [23] 倉島 保美『書く技術・伝える技術』あさ出版、2001
- [24] クリス アンダーソン『ロングテール―「売れない商品」を宝の山に変える新戦略』早川書房、2006

## 参考文献

[25] K.ブランチャード『1分間問題解決法』ダイヤモンド社、2002
[26] 国司 義彦『感性時代の問題解決入門』PHP研究所、1990
[27] 佐々 淳行『危機管理のノウハウ PART1』PHP研究所、1984
[28] 佐藤 允一『問題構造学入門』ダイヤモンド社、1984
[29] J・G・グリーノ『問題解決の過程』サイエンス社、1985
[30] ジェームス・W・ヤング『アイデアのつくり方』ティビーエス・ブリタニカ、1988
[31] 新QC七つ道具研究会『やさしい新QC七つ道具』日科技連出版社、1984
[32] 千野栄一『外国語上達法』岩波新書、1986
[33] 高橋 誠『問題解決手法の知識』日本経済新聞社、2001
[34] 高橋 誠『新編 創造力事典』日科技連出版社、2002
[35] 滝谷 敬一郎『「見えない問題」解決法』日本経済新聞社、1998
[36] 竹岡 広信『ドラゴンイングリッシュ基本英文100』講談社、2005
[37] トニー・ブザン『頭脳開発99パーセントへの挑戦』ブリタニカ出版、1979
[38] トニー・ブザン『ザ・マインドマップ』ダイヤモンド社、2005
[39] 外山 滋比古『思考の整理学』筑摩書房、1986
[40] 永田 豊志『知的生産力が劇的に高まる最強フレームワーク100』ソフトバンククリエイティブ、2008
[41] 永田 豊志『頭がよくなる図解思考の技術』中経出版、2009
[42] 中山 正和『発想の論理』中央公論社、1970
[43] 中山 正和『増補版 NM法のすべて』産業能率大学出版部、1977
[44] 中山 正和『創造性の自己発見』講談社、1979
[45] 中山 正和『究極の問題解決学』佼成出版社、1987
[46] ナポレオン・ヒル『思考は現実化するⅠ』きこ書房、1994
[47] 日経BP社『ヒットを生み出す発想法スーパーガイド '98』日経BP社、1998
[48] 野口 悠紀雄『「超」整理法―情報検索と発想の新システム』中央公論社、1993
[49] 野口 智雄『マトリックスマーケティング』日本経済新聞社、2011
[50] 野口 吉昭『マトリックスで考える人は仕事ができる』かんき出版、2006
[51] 飛岡 健『「3」の思考法』ごま書房、1987
[52] 飛岡 健『3は発想のマジックナンバー』ごま書房、1993
[53] 飛岡 健『ものの見方・考え方・表し方』実務教育出版、1996
[54] 久恒 啓一『図で考える人は仕事ができる』日本経済新聞社、2002
[55] 久恒 啓一『図で読み解く!ドラッカー理論』かんき出版、2004
[56] 久恒 啓一『図で考える人の図解表現の技術』日本経済新聞社、2002

[57] 深川 征司『問題解決の思考法』日本実業出版社、1997
[58] 福沢 諭吉、岬 龍一郎『学問のすすめ―自分の道を自分で切りひらくために』PHP 研究所、2004
[59] 前川 良博『システム的問題解決法』オーム社、1985
[60] 水野 俊哉『マトリックス図解思考』徳間書店、2010
[61] R.E.メイヤー『認知心理学のすすめ』サイエンス社、1983
[62] 吉永 賢一『東大家庭教師が教える頭が良くなる勉強法』中経出版、2008
[63] リチャード・コッチ『人生を変える 80 対 20 の法則』阪急コミュニケーションズ、1998
[64] リチャード・コッチ『80 対 20 の法則 生活実践編』阪急コミュニケーションズ、2005
[65] 和田 秀樹『リーダーのための意思決定学』文春ネスコ、2001
[66] 渡部 昇一『知的生活の方法』講談社、1976
[67] 石井 力重『石井力重の活動報』
http://ishiirikie.jpn.org/article/36222545.html

# <索引>

## 【英数字】

12のルール　92
20対60対20の法則　21
3つに分けてみる　70
3つに分けてみる（Threeの発想）の例　71
3つめを探してみる　70
3つめを探してみる（Thirdの発想）の例　74
3つを集めてみる　70
3つを集めてみる（Trioの発想）の例　73
3の思考法　70
5W1H　83
80対20の法則　17
80対20の法則を活用する　114
ABC分析　18
Adapt　51
Apple Wireless Keyboard　90
Basic Ordering Idea　95
BOI　95
BS　44
BSの4つのルール　44
BSの手順　46
Combine　51
DropBox　86
Evernote　15, 30, 86
FastEver　86
HBC　55
Human Brain Computer　55
iMandalArt　87
iMindMap　87
iPad　15, 30, 86
iPhone　15, 30, 86
J・P・ギルフォード　40
Keyword　58
KW　58
MacPC　86
Magnify　51
Minify　51
Modify　51
NM法的アプローチ　57
NM法　55
NM法の進め方　58
PC　15, 30
PMBOK　103
PPM分析　25
Put to other uses　51
QA　58
QB　58
QC　58
Question Analogy　58
Question Background　58
Question Conception　58
Rearrange　51
Reverse　51
SCAMPER　51
Substitute　51
SWOT分析　24
Thirdの発想　70
Threeの発想　70
Tony Buzan　91
Total Quality Control　64
TQC　64
Trioの発想　70
VRIO分析　25
Windows PC　86

## 【ア行】

アイデアはいつ出るのか　7
荒井千暁　21
新たな課題をマトリックスで整理するには　26

ある科目の知識と試験に出る割合の関係　20
池谷裕二　1
市毛明　76
今泉浩晃　78
因果法　43
インターネット　15
ウィリアム・リード　92
ヴィルフレード・パレート　17
右脳　5
梅棹忠夫　15
エビングハウス　1
エビングハウスの忘却曲線　1
演繹　42
応用　51
岡本浩一　3, 6
オズボーンの 9 チェックリスト　50
オズボーンのチェックリスト法　50
覚える　5

【カ行】

カード BS 法　48
外国語上達法　110
解答が複数ある問題　33
海馬　2
会話――あやまちは人の常、と覚悟して　112
拡散のパターン　12, 13
拡大　51
学問のすすめ　14
川喜田二郎　60
漢字や外国語の単語は語源的アプローチが有効　116
記憶　40
記憶術・記憶法の本を何冊か勉強してみる　117
記憶のキーを準備　114

記憶の工夫　113
記憶のしくみ　1, 3
企画　108
期待　31
帰納　42
帰納法　43
逆転　51
教育理学研究会　36
業界マップと新規事業戦略　28
強化要素　23
強制連想法　42
京大式カード　15
切り抜き　15
空間型　42
空間型演繹法　43
繰返し読む自分の古典（基本書）を作る　119
群立　10, 11
経験記憶　4
継続的に接する　113
系列型　43
結合　51
結合改善　45
顕在的な問題　32
現状　31
語彙――覚えるべき 1,000 の単語とは　110
交差（重なり）　10, 11
コーディング能力　6
コード化　4
コードシステム　4
顧客と売上げの関係　19
個人発想　38
語呂合わせは非常に長く覚えていられる　117

## 【サ行】

最小努力の法則　17
再配列　51
左脳　5
三上　7
三上・三中のアプローチ　58
三中　7
三分割法の紹介　76
時間管理　43
時系列法　43
思考の流れ　12, 13
自己啓発　100
自己啓発計画　28
仕事のしくみ　103
仕事のスキル　20
仕事の進め方マンダラート　84, 100
辞書　110
システムの新規機能の企画　28
質的変化　6
ジップの最小努力の法則　18
質より量　45
シナジー（相乗効果）　23
シナジー・マトリックス　23
シナジー・マトリックスの例　29
自分のレベルにあった学習の継続　112
社員と売上げの関係　19
収縮のパターン　12, 13
就職活動力 UP のシナジー・マトリックス　30
収束技法　42
収束思考　39
収束思考のルール　41
収束的思考　39, 40
集団発想のステップ　38
自由奔放　45
自由連想法　42
縮小　51

ジュランの法則　18
上級者　6
上達　6
商品企画　28
商品と売上げの関係　19
情報整理のシナジー・マトリックス　30
情報の部品化と再利用　47
情報の理解　101
情報を共有　86
情報を分類し、一度に覚える情報量を減らす　115
自我関与　4
人材マップと人事採用計画　28
親和図法　60
親和図法の進め方　60
親和図法の例　61
数学や物理の記憶法・勉強法は　118
図解技法　8
スキーマ　4, 6
ストーリー法　66
ストーリー法の進め方　67
ストーリー法の例　68
図読　8
精密練習　6
整理法　34
宣言型知識　4
潜在的な問題　32
前頭葉　2
千野栄一　110
創造性の重要さ　33
双方向性　12, 13
側頭連合野　2
外化　34
その他　109
孫子の兵法　26

【タ行】

対外折衝　104
代用　51
対立　12, 13
高橋誠　23, 32
ださく似たおち　51
多数の解答　32
多角発想　40
短期記憶　2
短時間睡眠　54
チェックリスト法　50
知識記憶　4
知的生産技術メモ1　15
知的生産技術メモ2　43
知的生産技術メモ3　47
知的生産技術メモ4　54
知能構造モデル　40
チャンク　4
長期記憶　2, 4
超整理法　20
強い憧れを持つ　114
手続き型知識　4
転用　51
特性　63
特性要因図の作成手順　64
特性要因図の要素　63
特性要因図の例　65
特性要因図法　63
トニー・ブザン　5, 91
トラブル・シューティング　106

【ナ行】

永田豊志　23, 26
慣れる　5
認知　40
認知心理学モデル　3
納期遅れ対策　21

脳のしくみ　1
野口悠紀雄　20
野口吉昭　27

【ハ行】

発見型問題　32
発見的な問題　32
発散技法　41
発散思考　39
発散思考と収束思考　39
発散思考のルール　40
発散的思考　39, 40
発生型問題　32
発想の重要性　37
場面の展開　11, 13
パレートの法則　17
久恒啓一　8
人脳コンピュータ　55
批判厳禁　45
評価　40
深い模倣　6
不均衡の法則　17
福沢諭吉　14
ブルーオーシャン戦略　26
ブレインマップ　5
ブレーンストーミング　44
プロコンリスト　24
文化と歴史を知る　112
文法書　111
分離　10, 11
並列　10, 11
勉強本　27
変更　51
扁桃核　2
包含　10
報告書　102
放射思考　91

方法記憶　4

【マ行】
マインドマップ　91
マインドマップ作成時のポイント　95
マインドマップの描き方　92
マインドマップのソフト　94
マインドマップの使い方　96
マインドマップの例　98
マッピング・マトリックス　23
マッピング・マトリックスの例　27
マトリックス・フレームワーク思考　23
マトリックス・フレームワーク思考の例　24
マルで「関係、位置、構造」を表現する　10
○の使い方　10
マンダラート　78
マンダラートとは何か　82
マンダラートの使い方　82
マンダラートの例　84
マンダラ思考　78
岬龍一郎　14
水野俊哉　23, 27
メモ名人と復習名人　113
茂木健一郎　2
目標　31
目標設定　36
問題意識　32
問題解決の5つのステージ　36
問題解決の基本ステップ　36
問題設定　36
問題とは　31
問題の意識化・発見の方法　34
問題の意識化と発見　33
問題の定義と特徴　31
問題の発生の仕方　32
問題の要因　63
問題把握　36

【ヤ行】
矢印で「動き、流れ、方向」を表現する　12
→の使い方　11
唯一解答　32
よい学習書とは　111
良い先生　112
要因　63
吉永賢一　5

【ラ行】
リスクマネージメント　105
理想的な復習方法　2
リチャード・ゴッチ　17
理詰めのアプローチ　56
リハーサル　4
隣接　10, 11
類比連想法　42
レッドオーシャン戦略　26
レポートや論文作成に役立つパーソナルクラウド　86
連続性　11, 12
ロングテールの法則　22

【ワ行】
わかる　5
渡部昇一　119

■著者紹介

北門　達男（きたかど　たつお）

|  |  |
| --- | --- |
| 生年月日 | 1952 年　京都府生まれ |
| 最終学歴 | 1977 年　神戸大学大学院工学研究科卒 |
| 主な経歴 | 1977 年　住友金属工業㈱入社、和歌山システム部勤務、米国ノースウェスタン大学大学院留学、システム研究開発部ソフトウェア研究室長、住友金属システム開発㈱出向、技術部担当部長等を経て |
| 現　　在 | 近畿大学経営学部教授 |
| 主な著書 | 『システムの分析と設計』大学教育出版、2008 |
| 所属学会 | 日本創造学会、情報処理学会、電子情報通信学会 |

稲浦　綾（いなうら　あや）

|  |  |
| --- | --- |
| 生年月日 | 1976 年　大阪府生まれ |
| 最終学歴 | 2002 年　大阪電気通信大学大学院工学研究科修了 |
| 主な経歴 | 1999 年　㈱日本コンピュータコンサルタント勤務<br>2000 年　大阪電気通信大学大学院<br>2002 年　㈱竹野内情報工学研究所<br>大阪電気通信大学先端マルチメディア合同研究所<br>2002 年以降　大阪電気通信大学、四條畷学園短期大学、千里金蘭大学、大阪府立大学工業高等専門学校等の非常勤講師を経て |
| 現　　在 | ㈱竹野内工学研究所 研究員<br>大阪電気通信大学先端マルチメディア合同研究所事務長。近畿大学、大阪電気通信大学 非常勤講師 |
| 主な著書 | 『やる気の仕事学』日刊工業新聞社、2008 |
| 所属学会 | 教育工学会、電子情報通信学会、教育システム情報学会 |

## 情報分析と課題解決の技法

2012 年 10 月 20 日　初版第 1 刷発行
2017 年 4 月 2 日　初版第 2 刷発行

■著　　者──北門達男・稲浦　綾
■発 行 者──佐藤　守
■発 行 所──株式会社 大学教育出版
　　　　　　　〒700-0953　岡山市南区西市 855-4
　　　　　　　電話(086)244-1268㈹　FAX(086)246-0294
■印刷製本──サンコー印刷㈱

Ⓒ Tatuo Kitakado and Aya Inaura 2012, Printed in Japan
検印省略　落丁・乱丁本はお取り替えいたします。
無断で本書の一部または全部を複写・複製することは禁じられています。

ISBN978 − 4 − 86429 − 163 − 7